TRANZLATY

El idioma es para todos

Jezik je za sve

El Manifiesto Comunista

Komunistički Manifest

Karl Marx
&
Friedrich Engels

Español / Hrvatski

Introducción
Uvod

Un fantasma acecha a Europa: el fantasma del comunismo

Bauk proganja Europu – bauk komunizma

Todas las potencias de la vieja Europa han entrado en una santa alianza para exorcizar este fantasma

Sve sile stare Europe ušle su u sveti savez kako bi istjerale ovaj bauk

El Papa y el Zar, Metternich y Guizot, los radicales franceses y los espías de la policía alemana

Papa i car, Metternich i Guizot, francuski radikali i njemački policijski špijuni

¿Dónde está el partido en la oposición que no ha sido tachado de comunista por sus adversarios en el poder?

Gdje je stranka u opoziciji koju njezini protivnici na vlasti nisu osudili kao komunističku?

¿Dónde está la Oposición que no haya devuelto el reproche de marca al comunismo contra los partidos de oposición más avanzados?

Gdje je oporba koja nije odbacila žigosanje komunizma protiv naprednijih oporbenih stranaka?

¿Y dónde está el partido que no ha hecho la acusación contra sus adversarios reaccionarios?

A gdje je stranka koja nije iznijela optužbe protiv svojih reakcionarnih protivnika?

Dos cosas resultan de este hecho

Iz ove činjenice proizlaze dvije stvari

I. El comunismo es ya reconocido por todas las potencias europeas como una potencia en sí misma

I. Komunizam je već priznat od strane svih europskih sila kao sila

II. Ya es hora de que los comunistas publiquen abiertamente, a la vista de todo el mundo, sus puntos de vista, sus objetivos y sus tendencias

II. Krajnje je vrijeme da komunisti otvoreno, pred očima cijelog svijeta, objave svoje stavove, ciljeve i tendencije

deben hacer frente a este cuento infantil del Espectro del Comunismo con un Manifiesto del propio partido

moraju se suočiti s ovom dječjom pričom o Duhu komunizma s Manifestom same partije

Con este fin, comunistas de diversas nacionalidades se han reunido en Londres y han esbozado el siguiente Manifiesto

U tu svrhu, komunisti različitih nacionalnosti okupili su se u Londonu i skicirali sljedeći Manifest

El presente manifiesto se publicará en inglés, francés, alemán, italiano, flamenco y danés

ovaj manifest objavljuje se na engleskom, francuskom, njemačkom, talijanskom, flamanskom i danskom jeziku

Y ahora se publicará en todos los idiomas que ofrece Tranzlaty

A sada će biti objavljen na svim jezicima koje Tranzlaty nudi

La burguesía y los proletarios
Buržoazija i proleteri
La historia de todas las sociedades existentes hasta ahora es la historia de las luchas de clases
Povijest svih dosadašnjih društava je povijest klasnih borbi
Hombre libre y esclavo, patricio y plebeyo, señor y siervo, maestro de gremio y oficial
Slobodnjak i rob, patricij i plebejac, gospodar i kmet, cehovski gospodar i šegrt
en una palabra, opresor y oprimido
jednom riječju, tlačitelj i potlačeni
Estas clases sociales estaban en constante oposición entre sí
Te su društvene klase stajale u stalnoj opoziciji jedna drugoj
Llevaron a cabo una lucha ininterrumpida. Ahora oculto, ahora abierto
Vodili su neprekinutu borbu. Sada skriveno, sada otvoreno
una lucha que terminó en una reconstitución revolucionaria de la sociedad en general
borba koja je završila revolucionarnom rekonstitucijom društva u cjelini
o una lucha que terminó en la ruina común de las clases contendientes
ili borba koja je završila zajedničkom propasti sukobljenih klasa
Echemos la vista atrás a las épocas anteriores de la historia
Osvrnimo se na ranije epohe povijesti
Encontramos casi en todas partes una complicada organización de la sociedad en varios órdenes
gotovo svugdje nalazimo komplicirano uređenje društva u različite poretke
Siempre ha habido una múltiple gradación de rango social
uvijek je postojala višestruka gradacija društvenog ranga
En la antigua Roma tenemos patricios, caballeros, plebeyos, esclavos
U starom Rimu imamo patricije, vitezove, plebejce, robove

en la Edad Media: señores feudales, vasallos, maestros de gremios, oficiales, aprendices, siervos

u srednjem vijeku: feudalni gospodari, vazali, cehovski majstori, šegrti, kmetovi

En casi todas estas clases, de nuevo, las gradaciones subordinadas

U gotovo svim tim razredima, opet, podređene gradacije

La sociedad burguesa moderna ha brotado de las ruinas de la sociedad feudal

Moderno buržoasko društvo niknulo je iz ruševina feudalnog društva

Pero este nuevo orden social no ha eliminado los antagonismos de clase

Ali ovaj novi društveni poredak nije uklonio klasne antagonizme

No ha hecho más que establecer nuevas clases y nuevas condiciones de opresión

On je samo uspostavio nove klase i nove uvjete ugnjetavanja

Ha establecido nuevas formas de lucha en lugar de las antiguas

uspostavila je nove oblike borbe umjesto starih

Sin embargo, la época en la que nos encontramos posee un rasgo distintivo

Međutim, epoha u kojoj se nalazimo ima jednu posebnost

la época de la burguesía ha simplificado los antagonismos de clase

epoha buržoazije pojednostavila je klasne antagonizme

La sociedad en su conjunto se divide cada vez más en dos grandes campos hostiles

Društvo u cjelini sve se više dijeli u dva velika neprijateljska tabora

dos grandes clases sociales enfrentadas directamente: la burguesía y el proletariado

dvije velike društvene klase izravno okrenute jedna prema drugoj: buržoazija i proletarijat

De los siervos de la Edad Media surgieron los burgueses de las primeras ciudades
Od kmetova srednjeg vijeka potekli su ovlašteni građani najranijih gradova
A partir de estos burgueses se desarrollaron los primeros elementos de la burguesía
Od ovih građana razvijeni su prvi elementi buržoazije
El descubrimiento de América y el doblamiento del Cabo
Otkriće Amerike i zaokruživanje rta
estos acontecimientos abrieron un nuevo terreno para la burguesía en ascenso
ovi događaji otvorili su svježe tlo za buržoaziju u usponu
Los mercados de las Indias Orientales y China, la colonización de América, el comercio con las colonias
Istočnoindijsko i kinesko tržište, kolonizacija Amerike, trgovina s kolonijama
el aumento de los medios de cambio y de las mercancías en general
povećanje sredstava razmjene i roba općenito
Estos acontecimientos dieron al comercio, a la navegación y a la industria un impulso nunca antes conocido
Ovi događaji dali su trgovini, plovidbi i industriji impuls koji nikada prije nije bio poznat
Dio un rápido desarrollo al elemento revolucionario en la tambaleante sociedad feudal
To je omogućilo brzi razvoj revolucionarnog elementa u posrnulom feudalnom društvu
Los gremios cerrados habían monopolizado el sistema feudal de producción industrial
zatvoreni cehovi monopolizirali su feudalni sustav industrijske proizvodnje
Pero esto ya no bastaba para satisfacer las crecientes necesidades de los nuevos mercados
Ali to više nije bilo dovoljno za rastuće potrebe novih tržišta
El sistema manufacturero sustituyó al sistema feudal de la industria

Proizvodni sustav zauzeo je mjesto feudalnog sustava industrije

Los maestros de gremio fueron empujados a un lado por la clase media manufacturera

Cehovske majstore gurnula je na jednu stranu proizvodna srednja klasa

La división del trabajo entre los diferentes gremios corporativos desapareció

Nestala je podjela rada između različitih korporativnih cehova

La división del trabajo penetraba en cada uno de los talleres

podjela rada prodrla je u svaku pojedinu radionicu

Mientras tanto, los mercados seguían creciendo y la demanda seguía aumentando

U međuvremenu, tržišta su stalno rasla, a potražnja je rasla

Ni siquiera las fábricas bastaban para satisfacer las demandas

Čak ni tvornice više nisu bile dovoljne da zadovolje zahtjeve

A partir de entonces, el vapor y la maquinaria revolucionaron la producción industrial

Nakon toga, para i strojevi revolucionirali su industrijsku proizvodnju

El lugar de la manufactura fue ocupado por el gigante, la Industria Moderna

Mjesto proizvodnje zauzeo je div, Moderna industrija

El lugar de la clase media industrial fue ocupado por millonarios industriales

mjesto industrijske srednje klase zauzeli su industrijski milijunaši

el lugar de los jefes de ejércitos industriales enteros fue ocupado por la burguesía moderna

mjesto vođa cijelih industrijskih vojski zauzela je moderna buržoazija

el descubrimiento de América allanó el camino para que la industria moderna estableciera el mercado mundial

otkriće Amerike otvorilo je put modernoj industriji da uspostavi svjetsko tržište

Este mercado dio un inmenso desarrollo al comercio, la navegación y la comunicación por tierra
Ovo tržište dalo je ogroman razvoj trgovini, plovidbi i komunikaciji kopnom
Este desarrollo ha repercutido, en su momento, en la extensión de la industria
Taj je razvoj u svoje vrijeme reagirao na širenje industrije
Reaccionó en proporción a cómo se extendía la industria, y cómo se extendían el comercio, la navegación y los ferrocarriles
reagirao je proporcionalno tome kako se industrija širila i kako su se širile trgovine, plovidbe i željeznica
en la misma proporción en que la burguesía se desarrolló, aumentó su capital
u istom omjeru u kojem se razvijala buržoazija, povećali su svoj kapital
y la burguesía relegó a un segundo plano a todas las clases heredadas de la Edad Media
a buržoazija je gurnula u drugi plan svaku klasu koja se prenosila iz srednjeg vijeka
por lo tanto, la burguesía moderna es en sí misma el producto de un largo curso de desarrollo
stoga je moderna buržoazija sama po sebi proizvod dugog tijeka razvoja
Vemos que es una serie de revoluciones en los modos de producción y de intercambio
Vidimo da je to niz revolucija u načinima proizvodnje i razmjene
Cada paso de la burguesía desarrollista iba acompañado de un avance político correspondiente
Svaki razvojni korak buržoazije bio je popraćen odgovarajućim političkim napretkom
Una clase oprimida bajo el dominio de la nobleza feudal
Potlačena klasa pod vlašću feudalnog plemstva
una asociación armada y autónoma en la comuna medieval
Oružana i samoupravna udruga u srednjovjekovnoj komuni

aquí, una república urbana independiente (como en Italia y
Alemania)

ovdje, neovisna urbana republika (kao u Italiji i Njemačkoj)

allí, un "tercer estado" imponible de la monarquía (como en
Francia)

tamo, oporezivi "treći stalež" monarhije (kao u Francuskoj)

posteriormente, en el período de fabricación propiamente
dicho

nakon toga, u razdoblju proizvodnje

la burguesía servía a la monarquía semifeudal o a la
monarquía absoluta

buržoazija je služila ili polufeudalnoj ili apsolutnoj monarhiji

o la burguesía actuaba como contrapeso contra la nobleza

ili je buržoazija djelovala kao protuteža plemstvu

y, de hecho, la burguesía era una piedra angular de las
grandes monarquías en general

i, zapravo, buržoazija je bila kamen temeljac velikih monarhija
općenito

pero la industria moderna y el mercado mundial se
establecieron desde entonces

ali moderna industrija i svjetsko tržište etablirali su se od tada

y la burguesía ha conquistado para sí el dominio político
exclusivo

i buržoazija je osvojila za sebe isključivu političku vlast

logró esta influencia política a través del Estado
representativo moderno

postigao je taj politički utjecaj kroz modernu predstavničku
državu

Los ejecutivos del Estado moderno no son más que un
comité de gestión

Izvršni direktori moderne države samo su upravni odbor

y manejan los asuntos comunes de toda la burguesía

i oni upravljaju zajedničkim poslovima cijele buržoazije

La burguesía, históricamente, ha desempeñado un papel
muy revolucionario

Buržoazija je, povijesno gledano, odigrala najrevolucionarniju ulogu

Dondequiera que se impuso, puso fin a todas las relaciones feudales, patriarcales e idílicas

gdje god je prevladala, okončala je sve feudalne, patrijarhalne i idilične odnose

Ha roto sin piedad los abigarrados lazos feudales que unían al hombre con sus "superiores naturales"

Nemilosrdno je rastrgao šarolike feudalne veze koje su povezivale čovjeka s njegovim "prirodnim nadređenima"

y no ha dejado ningún nexo entre el hombre y el hombre, más allá del puro interés propio

i nije ostavio nikakvu vezu između čovjeka i čovjeka, osim golog osobnog interesa

Las relaciones del hombre entre sí se han convertido en nada más que un cruel "pago en efectivo"

Međusobni odnosi ljudi postali su ništa više od bešćutnog "gotovinskog plaćanja"

Ha ahogado los éxtasis más celestiales del fervor religioso

Utopio je najnebeskije ekstaze religioznog žara

ha ahogado el entusiasmo caballeresco y el sentimentalismo filisteo

Utopio je viteški entuzijazam i filistarski sentimentalizam

ha ahogado estas cosas en el agua helada del cálculo egoísta

utopio je te stvari u ledenoj vodi egoistične kalkulacije

Ha resuelto el valor personal en valor de cambio

Osobnu vrijednost pretvorio je u zamjenjivu vrijednost

Ha sustituido a las innumerables e imprescriptibles libertades estatutarias

zamijenio je bezbrojne i neotuđive unajmljene slobode

y ha establecido una libertad única e inconcebible; Libre cambio

i uspostavio je jedinstvenu, nesavjesnu slobodu; Slobodna trgovina

En una palabra, lo ha hecho para la explotación

Jednom riječju, to je učinio zbog eksploatacije

explotación velada por ilusiones religiosas y políticas
eksploatacija prikrivena vjerskim i političkim iluzijama
explotación velada por una explotación desnuda, desvergonzada, directa, brutal
eksploatacija prikrivena golim, besramnim, izravnim, brutalnim iskorištavanjem
la burguesía ha despojado de la aureola a todas las ocupaciones anteriormente honradas y veneradas
buržoazija je skinula aureolu sa svakog prethodno časnog i poštovanog zanimanja
el médico, el abogado, el sacerdote, el poeta y el hombre de ciencia
liječnik, odvjetnik, svećenik, pjesnik i čovjek znanosti
Ha convertido a estos distinguidos trabajadores en sus trabajadores asalariados
pretvorio je ove ugledne radnike u svoje plaćene najamne radnike
La burguesía ha rasgado el velo sentimental de la familia
Buržoazija je strgnula sentimentalni veo s obitelji
y ha reducido la relación familiar a una mera relación monetaria
i svela je obiteljski odnos na puki novčani odnos
el brutal despliegue de vigor en la Edad Media que tanto admiran los reaccionarios
brutalni prikaz snage u srednjem vijeku kojem se reakcionisti toliko dive
Aun esto encontró su complemento adecuado en la más perezosa indolencia
Čak je i to našlo svoj prikladan dodatak u najlijenijoj indolenciji
La burguesía ha revelado cómo sucedió todo esto
Buržoazija je otkrila kako se sve to dogodilo
La burguesía ha sido la primera en mostrar lo que la actividad del hombre puede producir
Buržoazija je bila prva koja je pokazala što čovjekova aktivnost može donijeti

Ha logrado maravillas que superan con creces las pirámides egipcias, los acueductos romanos y las catedrales góticas
Ostvario je čuda koja daleko nadmašuju egipatske piramide, rimske akvadukte i gotičke katedrale
y ha llevado a cabo expediciones que han hecho sombra a todos los antiguos Éxodos de naciones y cruzadas
i provodio je ekspedicije koje su zasjenile sve nekadašnje egzoduse naroda i križarske ratove
La burguesía no puede existir sin revolucionar constantemente los instrumentos de producción
Buržoazija ne može postojati bez stalne revolucije u proizvodnim instrumentima
y, por lo tanto, no puede existir sin sus relaciones con la producción
i stoga ne može postojati bez svojih odnosa prema proizvodnji
y, por lo tanto, no puede existir sin sus relaciones con la sociedad
i stoga ne može postojati bez svojih odnosa s društvom
Todas las clases industriales anteriores tenían una condición en común
Sve ranije industrijske klase imale su jedan zajednički uvjet
Confiaban en la conservación de los antiguos modos de producción
oslanjali su se na očuvanje starih načina proizvodnje
pero la burguesía trajo consigo una dinámica completamente nueva
ali buržoazija je sa sobom donijela potpuno novu dinamiku
Revolucionar constantemente la producción y perturbar ininterrumpidamente todas las condiciones sociales
Stalna revolucija u proizvodnji i neprekidno narušavanje svih društvenih uvjeta
esta eterna incertidumbre y agitación distingue a la época burguesa de todas las anteriores
ova vječna neizvjesnost i uznemirenost razlikuje buržoasku epohu od svih ranijih

Las relaciones previas con la producción vinieron acompañadas de antiguos y venerables prejuicios y opiniones

prijašnji odnosi s proizvodnjom dolazili su sa starim i časnim predrasudama i mišljenjima

Pero todas estas relaciones fijas y congeladas son barridas

Ali svi ti fiksni, brzo zamrznuti odnosi su pometeni

Todas las relaciones recién formadas se vuelven anticuadas antes de que puedan osificarse

Svi novoformirani odnosi postaju zastarjeli prije nego što mogu okoštati

Todo lo que es sólido se derrite en el aire, y todo lo que es santo es profanado

Sve što je čvrsto topi se u zraku, i sve što je sveto je oskvrnuto

El hombre se ve finalmente obligado a afrontar con sus sentidos sobrios sus verdaderas condiciones de vida

čovjek je konačno prisiljen suočiti se s trezvenim osjetilima sa svojim stvarnim životnim uvjetima

y se ve obligado a afrontar sus relaciones con los de su especie

i prisiljen je suočiti se sa svojim odnosima sa svojom vrstom

La burguesía necesita constantemente ampliar sus mercados para sus productos

Buržoazija stalno treba širiti svoja tržišta za svoje proizvode

y, debido a esto, la burguesía es perseguida por toda la superficie del globo

i, zbog toga, buržoazija je progonjena po cijeloj površini zemaljske kugle

La burguesía debe anidar en todas partes, establecerse en todas partes, establecer conexiones en todas partes

Buržoazija se mora svugdje ugnijezditi, svugdje se naseliti, svugdje uspostaviti veze

La burguesía debe crear mercados en todos los rincones del mundo para explotar

Buržoazija mora stvoriti tržišta u svakom kutku svijeta kako bi eksploatirala

La producción y el consumo en todos los países han adquirido un carácter cosmopolita
proizvodnja i potrošnja u svakoj zemlji dobila je kozmopolitski karakter
el disgusto de los reaccionarios es palpable, pero ha continuado a pesar de todo
ogorčenost reakcionista je opipljiva, ali se nastavila bez obzira na to
La burguesía ha sacado de debajo de los pies de la industria el terreno nacional en el que se encontraba
Buržoazija je ispod nogu industrije izvukla nacionalno tlo na kojem je stajala
Todas las industrias nacionales de vieja data han sido destruidas, o están siendo destruidas diariamente
sve stare nacionalne industrije su uništene, ili se svakodnevno uništavaju
Todas las viejas industrias nacionales son desplazadas por las nuevas industrias
sve stare nacionalne industrije istisnute su novim industrijama
Su introducción se convierte en una cuestión de vida o muerte para todas las naciones civilizadas
njihovo uvođenje postaje pitanje života i smrti za sve civilizirane narode
son desalojados por industrias que ya no trabajan con materia prima autóctona
istiskuju ih industrije koje više ne obrađuju domaće sirovine
En cambio, estas industrias extraen materias primas de las zonas más remotas
umjesto toga, ove industrije izvlače sirovine iz najudaljenijih zona
industrias cuyos productos se consumen, no solo en el país, sino en todos los rincones del mundo
industrije čiji se proizvodi konzumiraju, ne samo kod kuće, već i u svim dijelovima svijeta
En lugar de las viejas necesidades, satisfechas por las producciones del país, encontramos nuevas necesidades

Umjesto starih potreba, zadovoljenih proizvodima zemlje, nalazimo nove želje
Estas nuevas necesidades requieren para su satisfacción los productos de tierras y climas lejanos
Ove nove potrebe zahtijevaju za svoje zadovoljenje proizvode dalekih zemalja i podneblja
En lugar de la antigua reclusión y autosuficiencia local y nacional, tenemos el comercio
Umjesto stare lokalne i nacionalne osamljenosti i samodostatnosti, imamo trgovinu
intercambio internacional en todas las direcciones; Interdependencia universal de las naciones
međunarodna razmjena u svim smjerovima; univerzalna međuovisnost naroda
Y así como dependemos de los materiales, también dependemos de la producción intelectual
i baš kao što smo ovisni o materijalima, tako smo i ovisni o intelektualnoj proizvodnji
Las creaciones intelectuales de las naciones individuales se convierten en propiedad común
Intelektualne tvorevine pojedinih naroda postaju zajedničko vlasništvo
La unilateralidad nacional y la estrechez de miras se vuelven cada vez más imposibles
Nacionalna jednostranost i uskogrudnost postaju sve nemogući
y de las numerosas literaturas nacionales y locales, surge una literatura mundial
a iz brojnih nacionalnih i lokalnih književnosti proizlazi svjetska književnost
por el rápido perfeccionamiento de todos los instrumentos de producción
brzim poboljšanjem svih instrumenata proizvodnje
por los medios de comunicación inmensamente facilitados
neizmjerno olakšanim sredstvima komunikacije

La burguesía atrae a todos (incluso a las naciones más bárbaras) a la civilización

Buržoazija privlači sve (čak i najbarbarskije nacije) u civilizaciju

Los precios baratos de sus mercancías; la artillería pesada que derriba todas las murallas chinas

Niske cijene njezine robe; teško topništvo koje ruši sve kineske zidine

El odio intensamente obstinado de los bárbaros hacia los extranjeros se ve obligado a capitular

Tvrdoglava mržnja barbara prema strancima prisiljena je kapitulirati

Obliga a todas las naciones, bajo pena de extinción, a adoptar el modo de producción burgués

Prisiljava sve nacije, pod prijetnjom izumiranja, da prihvate buržoaski način proizvodnje

los obliga a introducir lo que llama civilización en su seno

prisiljava ih da u svoju sredinu uvedu ono što naziva civilizacijom

La burguesía obliga a los bárbaros a convertirse ellos mismos en burgueses

Buržoazija prisiljava barbare da i sami postanu buržoazija

en una palabra, la burguesía crea un mundo a su imagen y semejanza

jednom riječju, buržoazija stvara svijet po svojoj slici

La burguesía ha sometido el campo al dominio de las ciudades

Buržoazija je podvrgnula selo vladavini gradova

Ha creado enormes ciudades y ha aumentado considerablemente la población urbana

Stvorio je ogromne gradove i uvelike povećao urbano stanovništvo

Rescató a una parte considerable de la población de la idiotez de la vida rural

spasio je znatan dio stanovništva od idiotizma seoskog života

pero ha hecho que los del campo dependan de las ciudades

ali je učinila one na selu ovisnima o gradovima

y asimismo, ha hecho que los países bárbaros dependan de los civilizados

Isto tako, učinila je barbarske zemlje ovisnima o civiliziranim

naciones de campesinos sobre naciones de la burguesía, el Este sobre el Oeste

nacije seljaka na narode buržoazije, istok na zapad

La burguesía suprime cada vez más el estado disperso de la población

Buržoazija sve više uklanja raštrkano stanje stanovništva

Ha aglomerado la producción y ha concentrado la propiedad en pocas manos

Ima aglomeriranu proizvodnju i koncentrirano vlasništvo u nekoliko ruku

La consecuencia necesaria de esto fue la centralización política

Nužna posljedica toga bila je politička centralizacija

Había habido naciones independientes y provincias poco conectadas

Postojale su neovisne nacije i labavo povezane provincije

Tenían intereses, leyes, gobiernos y sistemas tributarios separados

imali su odvojene interese, zakone, vlade i sustave oporezivanja

pero se han agrupado en una sola nación, con un solo gobierno

ali su se svrstali u jednu naciju, s jednom vladom

Ahora tienen un interés nacional de clase, una frontera y un arancel aduanero

sada imaju jedan nacionalni klasni interes, jednu granicu i jednu carinsku tarifu

Y este interés nacional de clase está unificado bajo un solo código de leyes

a ovaj nacionalni klasni interes ujedinjen je pod jednim zakonom

la burguesía ha logrado mucho durante su gobierno de apenas cien años

buržoazija je postigla mnogo tijekom svoje vladavine od jedva stotinu godina

fuerzas productivas más masivas y colosales que todas las generaciones precedentes juntas

masivnije i kolosalnije proizvodne snage nego što su to imale sve prethodne generacije zajedno

Las fuerzas de la naturaleza están subyugadas a la voluntad del hombre y su maquinaria

Sile prirode podređene su volji čovjeka i njegove mašinerije

La química se aplica a todas las formas de industria y tipos de agricultura

Kemija se primjenjuje u svim oblicima industrije i vrstama poljoprivrede

la navegación a vapor, los ferrocarriles, los telégrafos eléctricos y la imprenta

parna plovidba, željeznice, električni telegrafi i tiskarski stroj

desbroce de continentes enteros para el cultivo, canalización de ríos

čišćenje cijelih kontinenata za obradu, kanalizacija rijeka

Poblaciones enteras han sido sacadas de la tierra y puestas a trabajar

cijele populacije su dočarane iz zemlje i stavljene na posao

¿Qué siglo anterior tuvo siquiera un presentimiento de lo que podría desencadenarse?

Koje je ranije stoljeće imalo čak i predosjećaj onoga što se može osloboditi?

¿Quién predijo que tales fuerzas productivas dormitaban en el regazo del trabajo social?

Tko je predvidio da takve proizvodne snage drijemaju u krilu društvenog rada?

Vemos, pues, que los medios de producción y de intercambio se generaban en la sociedad feudal

Vidimo da su sredstva za proizvodnju i razmjenu nastala u feudalnom društvu

los medios de producción sobre cuyos cimientos se construyó la burguesía

sredstva za proizvodnju na čijim se temeljima buržoazija izgradila

En una determinada etapa del desarrollo de estos medios de producción y de intercambio

U određenoj fazi razvoja ovih sredstava proizvodnje i razmjene

las condiciones bajo las cuales la sociedad feudal producía e intercambiaba

uvjeti pod kojima je feudalno društvo proizvodilo i razmjenjivalo

La organización feudal de la agricultura y la industria manufacturera

Feudalna organizacija poljoprivrede i prerađivačke industrije

Las relaciones feudales de propiedad ya no eran compatibles con las condiciones materiales

feudalni vlasnički odnosi više nisu bili kompatibilni s materijalnim uvjetima

Tuvieron que ser reventados en pedazos, por lo que fueron reventados en pedazos

Morali su se rasprsnuti, pa su ih rasprsnuli

En su lugar entró la libre competencia de las fuerzas productivas

Na njihovo mjesto zakoračila je slobodna konkurencija proizvodnih snaga

y fueron acompañadas de una constitución social y política adaptada a ella

i bili su popraćeni društvenim i političkim ustavom prilagođenim njemu

y fue acompañado por el dominio económico y político de la burguesía

i bio je popraćen ekonomskim i političkim utjecajem buržoaske klase

Un movimiento similar está ocurriendo ante nuestros propios ojos

Sličan pokret odvija se pred našim očima

La sociedad burguesa moderna con sus relaciones de producción, de intercambio y de propiedad

Moderno buržoasko društvo sa svojim odnosima proizvodnje, razmjene i vlasništva

una sociedad que ha conjurado medios de producción y de intercambio tan gigantescos

društvo koje je dočaralo takva gigantska sredstva proizvodnje i razmjene

Es como el hechicero que invocó los poderes del mundo inferior

To je poput čarobnjaka koji je prizvao moći donjeg svijeta

Pero ya no es capaz de controlar lo que ha traído al mundo

Ali on više nije u stanju kontrolirati ono što je donio na svijet

Durante muchas décadas, la historia pasada estuvo unida por un hilo conductor

Mnogo desetljeća prošla povijest je bila povezana zajedničkom niti

La historia de la industria y del comercio no ha sido más que la historia de las revueltas

Povijest industrije i trgovine bila je samo povijest pobuna

las revueltas de las fuerzas productivas modernas contra las condiciones modernas de producción

pobune modernih proizvodnih snaga protiv modernih uvjeta proizvodnje

Las revueltas de las fuerzas productivas modernas contra las relaciones de propiedad

pobune modernih proizvodnih snaga protiv vlasničkih odnosa

estas relaciones de propiedad son las condiciones para la existencia de la burguesía

ti imovinski odnosi su uvjeti za postojanje buržoazije

y la existencia de la burguesía determina las reglas de las relaciones de propiedad

a postojanje buržoazije određuje pravila za imovinske odnose

Baste mencionar el retorno periódico de las crisis comerciales

Dovoljno je spomenuti povremeni povratak komercijalnih kriza

cada crisis comercial es más amenazante para la sociedad burguesa que la anterior

svaka komercijalna kriza više prijeti buržoaskom društvu od prethodne

En estas crisis se destruye gran parte de los productos existentes

U tim krizama veliki dio postojećih proizvoda se uništava

Pero estas crisis también destruyen las fuerzas productivas previamente creadas

Ali ove krize također uništavaju prethodno stvorene proizvodne snage

En todas las épocas anteriores, estas epidemias habrían parecido un absurdo

U svim ranijim epohama ove bi se epidemije činile apsurdom

porque estas epidemias son las crisis comerciales de la sobreproducción

jer su ove epidemije komercijalne krize prekomjerne proizvodnje

De repente, la sociedad se encuentra de nuevo en un estado de barbarie momentánea

Društvo se odjednom vraća u stanje trenutnog barbarizma

como si una guerra universal de devastación hubiera cortado todos los medios de subsistencia

kao da je sveopći rat razaranja odsjekao sva sredstva za život

la industria y el comercio parecen haber sido destruidos; ¿Y por qué?

čini se da su industrija i trgovina uništeni; I zašto?

Porque hay demasiada civilización y medios de subsistencia

Zato što ima previše civilizacije i sredstava za život

y porque hay demasiada industria y demasiado comercio

i zato što ima previše industrije i previše trgovine

Las fuerzas productivas a disposición de la sociedad ya no desarrollan la propiedad burguesa

Proizvodne snage koje su na raspolaganju društvu više ne razvijaju buržoasku imovinu

por el contrario, se han vuelto demasiado poderosos para estas condiciones, por las cuales están encadenados

naprotiv, postali su previše moćni za ove uvjete, kojima su sputani

tan pronto como superan estas cadenas, traen el desorden a toda la sociedad burguesa

čim prevladaju te okove, unose nered u cijelo buržoasko društvo

y las fuerzas productivas ponen en peligro la existencia de la propiedad burguesa

a proizvodne snage ugrožavaju postojanje buržoaskog vlasništva

Las condiciones de la sociedad burguesa son demasiado estrechas para abarcar la riqueza creada por ellas

Uvjeti buržoaskog društva su preuski da bi obuhvatili bogatstvo koje su stvorili

¿Y cómo supera la burguesía estas crisis?

I kako buržoazija prebrodi ove krize?

Por un lado, supera estas crisis mediante la destrucción forzada de una masa de fuerzas productivas

S jedne strane, te krize prevladava prisilnim uništavanjem mase proizvodnih snaga

por otro lado, supera estas crisis mediante la conquista de nuevos mercados

s druge strane, te krize prevladava osvajanjem novih tržišta

y supera estas crisis mediante la explotación más completa de las viejas fuerzas productivas

i prevladava te krize temeljitijom eksploatacijom starih proizvodnih snaga

Es decir, allanando el camino para crisis más extensas y destructivas

Odnosno, utirući put opsežnijim i destruktivnijim krizama

supera la crisis disminuyendo los medios para prevenir las crisis

ona prevladava krizu smanjenjem sredstava za sprečavanje kriza

Las armas con las que la burguesía derribó el feudalismo se vuelven ahora contra sí misma

Oružje kojim je buržoazija srušila feudalizam na zemlju sada je okrenuto protiv nje same

Pero la burguesía no sólo ha forjado las armas que le dan la muerte

Ali ne samo da je buržoazija iskovala oružje koje sebi donosi smrt

También ha llamado a la existencia a los hombres que han de empuñar esas armas

također je pozvao u postojanje ljude koji će rukovati tim oružjem

Y estos hombres son la clase obrera moderna; Son los proletarios

a ti su ljudi moderna radnička klasa; oni su proleteri

En la misma proporción en que se desarrolla la burguesía, en la misma proporción se desarrolla el proletariado

U onoj mjeri u kojoj se razvija buržoazija, u istom omjeru razvija se i proletarijat

La clase obrera moderna desarrolló una clase de trabajadores

moderna radnička klasa razvila je klasu radnika

Esta clase de obreros vive sólo mientras encuentran trabajo

Ova klasa radnika živi samo dok nađu posao

y sólo encuentran trabajo mientras su trabajo aumenta el capital

i oni nalaze posao samo dok njihov rad povećava kapital

Estos obreros, que deben venderse a destajo, son una mercancía

Ti radnici, koji se moraju prodavati po komadima, roba su roba

Estos obreros son como cualquier otro artículo de comercio

Ovi radnici su kao i svaki drugi trgovački artikl

y, en consecuencia, están expuestos a todas las vicisitudes de la competencia

i posljedično su izloženi svim promjenama konkurencije
Tienen que capear todas las fluctuaciones del mercado
moraju prebroditi sve fluktuacije na tržištu
Debido al uso extensivo de maquinaria y a la división del trabajo
Zahvaljujući širokoj upotrebi strojeva i podjeli rada
El trabajo de los proletarios ha perdido todo carácter individual
rad proletera izgubio je sav individualni karakter
y, en consecuencia, el trabajo de los proletarios ha perdido todo encanto para el obrero
i posljedično, rad proletera izgubio je sav šarm za radnika
Se convierte en un apéndice de la máquina, en lugar del hombre que una vez fue
On postaje privjesak stroja, a ne čovjek kakav je nekoć bio
Sólo se requiere de él la habilidad más simple, monótona y más fácil de adquirir
od njega se traži samo najjednostavniji, monotoni i najlakše stečen talent
Por lo tanto, el costo de producción de un trabajador está restringido
Stoga su troškovi proizvodnje radnika ograničeni
se restringe casi por completo a los medios de subsistencia que necesita para su manutención
ona je gotovo u potpunosti ograničena na sredstva za život koja su mu potrebna za uzdržavanje
y se restringe a los medios de subsistencia que necesita para la propagación de su raza
i ograničen je na sredstva za život koja su mu potrebna za razmnožavanje svoje rase
Pero el precio de una mercancía, y por lo tanto también del trabajo, es igual a su costo de producción
Ali cijena robe, a time i rada, jednaka je njezinim troškovima proizvodnje
Por lo tanto, a medida que aumenta la repulsividad del trabajo, disminuye el salario

Proporcionalno, dakle, kako se odbojnost rada povećava, plaća se smanjuje

Es más, la repulsión de su obra aumenta a un ritmo aún mayor

Ne, odbojnost njegova djela raste još većom brzinom

A medida que aumenta el uso de maquinaria y la división del trabajo, también lo hace la carga del trabajo

Kako se povećava upotreba strojeva i podjela rada, tako raste i teret truda

La carga del trabajo se incrementa con la prolongación de las horas de trabajo

teret rada povećava se produljenjem radnog vremena

Se espera más del obrero en el mismo tiempo que antes

više se očekuje od radnika u isto vrijeme kao i prije

Y, por supuesto, la carga del trabajo aumenta por la velocidad de la maquinaria

i naravno, teret truda povećava se brzinom strojeva

La industria moderna ha convertido el pequeño taller del amo patriarcal en la gran fábrica del capitalista industrial

Moderna industrija pretvorila je malu radionicu patrijarhalnog gospodara u veliku tvornicu industrijskog kapitalista

Las masas de obreros, hacinados en la fábrica, están organizadas como soldados

Mase radnika, nagurane u tvornicu, organizirane su poput vojnika

Como soldados rasos del ejército industrial están bajo el mando de una jerarquía perfecta de oficiales y sargentos

Kao redovi industrijske vojske stavljeni su pod zapovjedništvo savršene hijerarhije časnika i narednika

no sólo son esclavos de la burguesía y del Estado

oni nisu samo robovi buržoaske klase i države

pero también son esclavizados diariamente y cada hora por la máquina

ali oni su također svakodnevno i satno porobljeni strojem

están esclavizados por el vigilante y, sobre todo, por el propio fabricante burgués

oni su porobljeni od strane promatrača, i, iznad svega, od samog pojedinog buržoaskog proizvođača

Cuanto más abiertamente proclama este despotismo que la ganancia es su fin y su fin, tanto más mezquino, más odioso y más amargo es

Što otvorenije ovaj despotizam proglašava dobitak svojim ciljem i ciljem, to je sitniji, mrskiji i ogorčeniji

Cuanto más se desarrolla la industria moderna, menores son las diferencias entre los sexos

Što se modernija industrija razvija, to su manje razlike među spolovima

Cuanto menor es la habilidad y el ejercicio de la fuerza implícitos en el trabajo manual, tanto más el trabajo de los hombres es reemplazado por el de las mujeres

Što je manje vještina i napor snage implicirani u fizičkom radu, to je više rad muškaraca zamijenjen radom žena

Las diferencias de edad y sexo ya no tienen ninguna validez social distintiva para la clase obrera

Razlike u dobi i spolu više nemaju nikakvu prepoznatljivu društvenu vrijednost za radničku klasu

Todos son instrumentos de trabajo, más o menos costosos de usar, según su edad y sexo

Svi su to instrumenti rada, više ili jeftiniji za korištenje, ovisno o njihovoj dobi i spolu

tan pronto como el obrero recibe su salario en efectivo, es atacado por las otras partes de la burguesía

čim radnik primi svoju plaću u gotovini, tada ga nailaze drugi dijelovi buržoazije

el propietario, el tendero, el prestamista, etc

stanodavac, trgovac, zalagaonica itd

Los estratos más bajos de la clase media; los pequeños comerciantes y tenderos

Niži slojevi srednje klase; mali obrtnici i trgovci

los comerciantes jubilados en general, y los artesanos y campesinos

umirovljeni obrtnici općenito, te zanatlije i seljaci

todo esto se hunde poco a poco en el proletariado
sve to postupno tone u proletarijat
en parte porque su minúsculo capital no basta para la escala
en que se desarrolla la industria moderna
dijelom zato što njihov mali kapital nije dovoljan za razmjere u
kojima se odvija moderna industrija
y porque está inundada en la competencia con los grandes
capitalistas
i zato što je preplavljena konkurencijom s velikim
kapitalistima
en parte porque sus habilidades especializadas se vuelven
inútiles por los nuevos métodos de producción
dijelom zato što je njihova specijalizirana vještina postala
bezvrijedna novim metodama proizvodnje
De este modo, el proletariado es reclutado entre todas las
clases de la población
Tako se proletarijat regrutira iz svih slojeva stanovništva
El proletariado pasa por varias etapas de desarrollo
Proletarijat prolazi kroz različite faze razvoja
Con su nacimiento comienza su lucha con la burguesía
Njegovim rođenjem započinje borba s buržoazijom
Al principio, la contienda es llevada a cabo por trabajadores
individuales
U početku natjecanje vode pojedinačni radnici
Entonces el concurso es llevado a cabo por los obreros de
una fábrica
tada natjecanje vode radnici tvornice
Entonces la contienda es llevada a cabo por los operarios de
un oficio, en una localidad
tada natjecanje vode operativci jedne trgovine, na jednom
mjestu
y la contienda es entonces contra la burguesía individual
que los explota directamente
a natjecanje je tada protiv individualne buržoazije koja ih
izravno iskorištava

No dirigen sus ataques contra las condiciones de producción de la burguesía
Oni usmjeravaju svoje napade ne protiv buržoaskih uvjeta proizvodnje
pero dirigen su ataque contra los propios instrumentos de producción
ali oni usmjeravaju svoj napad na same instrumente proizvodnje
destruyen mercancías importadas que compiten con su mano de obra
uništavaju uvezenu robu koja se natječe s njihovim radom
Hacen pedazos la maquinaria y prenden fuego a las fábricas
razbijaju strojeve na komade i pale tvornice
tratan de restaurar por la fuerza el estado desaparecido del obrero de la Edad Media
oni nastoje silom vratiti nestali status radnika srednjeg vijeka
En esta etapa, los obreros forman todavía una masa incoherente dispersa por todo el país
U ovoj fazi radnici još uvijek čine nekoherentnu masu raštrkanu po cijeloj zemlji
y se rompen por su mutua competencia
i razbija ih međusobna konkurencija
Si en alguna parte se unen para formar cuerpos más compactos, esto no es todavía la consecuencia de su propia unión activa
Ako se bilo gdje ujedine u kompaktnija tijela, to još nije posljedica njihovog vlastitog aktivnog sjedinjenja
pero es una consecuencia de la unión de la burguesía, para alcanzar sus propios fines políticos
ali to je posljedica ujedinjenja buržoazije, da postigne svoje vlastite političke ciljeve
la burguesía se ve obligada a poner en movimiento a todo el proletariado
buržoazija je prisiljena pokrenuti cijeli proletarijat
y además, por un momento, la burguesía es capaz de hacerlo
i štoviše, buržoazija je za neko vrijeme u stanju to učiniti

Por lo tanto, en esta etapa, los proletarios no luchan contra sus enemigos

U ovoj fazi, dakle, proleteri se ne bore protiv svojih neprijatelja

sino que están luchando contra los enemigos de sus enemigos

već se umjesto toga bore protiv neprijatelja svojih neprijatelja

la lucha contra los restos de la monarquía absoluta y los terratenientes

Borba protiv ostataka apsolutne monarhije i zemljoposjednika

luchan contra la burguesía no industrial; la pequeña burguesía

oni se bore protiv neindustrijske buržoazije; sitna buržoazija

De este modo, todo el movimiento histórico se concentra en manos de la burguesía

Tako je cijeli povijesni pokret koncentriran u rukama buržoazije

cada victoria así obtenida es una victoria para la burguesía

svaka tako postignuta pobjeda je pobjeda buržoazije

Pero con el desarrollo de la industria, el proletariado no sólo aumenta en número

Ali s razvojem industrije, proletarijat ne samo da raste u broju

el proletariado se concentra en grandes masas y su fuerza crece

Proletarijat se koncentrira u većim masama i njegova snaga raste

y el proletariado siente cada vez más esa fuerza

a proletarijat sve više i više osjeća tu snagu

Los diversos intereses y condiciones de vida en las filas del proletariado se igualan cada vez más

Različiti interesi i uvjeti života u redovima proletarijata sve su više i više izjednačeni

se vuelven más proporcionales a medida que la maquinaria borra todas las distinciones de trabajo

one postaju sve proporcionalnije kako strojevi brišu sve razlike u radu

y la maquinaria reduce los salarios al mismo nivel bajo en casi todas partes
a strojevi gotovo svugdje smanjuju plaće na istu nisku razinu
La creciente competencia entre la burguesía, y las crisis comerciales resultantes, hacen que los salarios de los obreros sean cada vez más fluctuantes
Rastuća konkurencija među buržoazijom i posljedična trgovinska kriza čine plaće radnika sve fluktuirajućim
La mejora incesante de la maquinaria, que se desarrolla cada vez más rápidamente, hace que sus medios de vida sean cada vez más precarios
Neprekidno poboljšanje strojeva, koji se sve brže razvijaju, čini njihov život sve nesigurnijim i nesigurnijim
los choques entre obreros individuales y burgueses individuales toman cada vez más el carácter de choques entre dos clases
sudari između pojedinačnih radnika i individualne buržoazije sve više poprimaju karakter sudara između dviju klasa
A partir de ese momento, los obreros comienzan a formar uniones (sindicatos) contra la burguesía
Nakon toga radnici počinju formirati udruživanja (sindikate) protiv buržoazije
se agrupan para mantener el ritmo de los salarios
udružuju se kako bi održali stopu plaća
Fundaron asociaciones permanentes para hacer frente de antemano a estas revueltas ocasionales
Pronašli su trajne udruge kako bi se unaprijed pobrinuli za ove povremene pobune
Aquí y allá la contienda estalla en disturbios
Tu i tamo natjecanje izbija u nerede
De vez en cuando los obreros salen victoriosos, pero sólo por un tiempo
S vremena na vrijeme radnici pobjeđuju, ali samo na neko vrijeme

El verdadero fruto de sus batallas no reside en el resultado inmediato, sino en la unión cada vez mayor de los trabajadores

Pravi plod njihovih borbi ne leži u neposrednom ishodu, već u sve većem sindikatu radnika

Esta unión se ve favorecida por la mejora de los medios de comunicación creados por la industria moderna

Ovom sindikatu pomažu poboljšana sredstva komunikacije koja stvara moderna industrija

La comunicación moderna pone en contacto a los trabajadores de diferentes localidades

suvremena komunikacija dovodi radnike s različitih lokaliteta u međusobni kontakt

Era precisamente este contacto el que se necesitaba para centralizar las numerosas luchas locales en una lucha nacional entre clases

Upravo je taj kontakt bio potreban da se brojne lokalne borbe centraliziraju u jednu nacionalnu borbu između klasa

Todas estas luchas tienen el mismo carácter, y toda lucha de clases es una lucha política

Sve ove borbe su istog karaktera, a svaka klasna borba je politička borba

los burgueses de la Edad Media, con sus miserables carreteras, necesitaron siglos para formar sus uniones

građanima srednjeg vijeka, sa svojim bijednim autocestama, bila su potrebna stoljeća da formiraju svoje sindikate

Los proletarios modernos, gracias a los ferrocarriles, logran sus sindicatos en pocos años

Moderni proleteri, zahvaljujući željeznici, postižu svoje sindikate u roku od nekoliko godina

Esta organización de los proletarios en una clase los formó, por consiguiente, en un partido político

Ova organizacija proletarijata u klasu ih je posljedično formirala u političku stranku

La clase política se ve continuamente molesta por la competencia entre los propios trabajadores

Politička klasa je neprestano ponovno uznemirena konkurencijom između samih radnika

Pero la clase política sigue levantándose de nuevo, más fuerte, más firme, más poderosa

Ali politička klasa nastavlja se ponovno dizati, jača, čvršća, moćnija

Obliga al reconocimiento legislativo de los intereses particulares de los trabajadores

Njome se prisiljava na zakonodavno priznavanje posebnih interesa radnika

lo hace aprovechándose de las divisiones en el seno de la propia burguesía

to čini iskorištavajući podjele među samom buržoazijom

De este modo, el proyecto de ley de las diez horas en Inglaterra se convirtió en ley

Tako je zakon o desetosatnom radu u Engleskoj stavljen u zakon

en muchos sentidos, las colisiones entre las clases de la vieja sociedad son, además, el curso del desarrollo del proletariado

na mnogo načina sudari između klasa starog društva dalje su tijek razvoja proletarijata

La burguesía se ve envuelta en una batalla constante

Buržoazija se nalazi u stalnoj borbi

Al principio se verá envuelto en una batalla constante con la aristocracia

U početku će se naći u stalnoj borbi s aristokracijom

más tarde se verá envuelta en una batalla constante con esas partes de la propia burguesía

kasnije će se naći u stalnoj borbi s onim dijelovima same buržoazije

y sus intereses se habrán vuelto antagónicos al progreso de la industria

i njihovi će interesi postati antagonistički prema napretku industrije

en todo momento, sus intereses se habrán vuelto antagónicos con la burguesía de los países extranjeros

u svakom trenutku, njihovi interesi će postati antagonistički prema buržoaziji stranih zemalja

En todas estas batallas se ve obligado a apelar al proletariado y pide su ayuda

U svim tim bitkama ona se osjeća primoranom apelirati na proletarijat i traži njegovu pomoć

y, por lo tanto, se sentirá obligado a arrastrarlo a la arena política

i stoga će se osjećati prisiljenim uvući ga u političku arenu

La burguesía misma, por lo tanto, suministra al proletariado sus propios instrumentos de educación política y general

Sama buržoazija, dakle, opskrbljuje proletarijat vlastitim instrumentima političkog i općeg obrazovanja

en otras palabras, suministra al proletariado armas para luchar contra la burguesía

drugim riječima, ona opskrbljuje proletarijat oružjem za borbu protiv buržoazije

Además, como ya hemos visto, sectores enteros de las clases dominantes se precipitan en el proletariado

Nadalje, kao što smo već vidjeli, čitavi dijelovi vladajućih klasa strmoglavljeni su u proletarijat

el avance de la industria los absorbe en el proletariado

napredak industrije ih usisava u proletarijat

o, al menos, están amenazados en sus condiciones de existencia

ili su, barem, ugroženi u svojim uvjetima postojanja

Estos también suministran al proletariado nuevos elementos de ilustración y progreso

Oni također opskrbljuju proletarijat svježim elementima prosvjetljenja i napretka

Finalmente, en momentos en que la lucha de clases se acerca a la hora decisiva

Konačno, u vremenima kada se klasna borba približava odlučujućem času

el proceso de disolución que se está llevando a cabo en el seno de la clase dominante
proces raspada koji se odvija unutar vladajuće klase
De hecho, la disolución que se está produciendo en el seno de la clase dominante se sentirá en toda la sociedad
zapravo, raspad koji se događa unutar vladajuće klase osjetit će se u cijelom nizu društva
Tomará un carácter tan violento y deslumbrante, que un pequeño sector de la clase dominante se quedará a la deriva
poprimit će tako nasilan, upadljiv karakter, da će se mali dio vladajuće klase odrezati
y esa clase dominante se unirá a la clase revolucionaria
i da će se vladajuća klasa pridružiti revolucionarnoj klasi
La clase revolucionaria es la clase que tiene el futuro en sus manos
revolucionarna klasa je klasa koja drži budućnost u svojim rukama
Al igual que en un período anterior, una parte de la nobleza se pasó a la burguesía
Baš kao i u ranijem razdoblju, dio plemstva prešao je u buržoaziju
de la misma manera que una parte de la burguesía se pasará al proletariado
na isti način će dio buržoazije prijeći na proletarijat
en particular, una parte de la burguesía pasará a una parte de los ideólogos de la burguesía
konkretno, dio buržoazije će prijeći na dio buržoaskih ideologa
Ideólogos burgueses que se han elevado al nivel de comprender teóricamente el movimiento histórico en su conjunto
Buržoaski ideolozi koji su se uzdigli na razinu teoretskog razumijevanja povijesnog pokreta u cjelini
De todas las clases que hoy se encuentran frente a frente con la burguesía, sólo el proletariado es una clase realmente revolucionaria

Od svih klasa koje danas stoje licem u lice s buržoazijom, samo je proletarijat stvarno revolucionarna klasa

Las otras clases decaen y finalmente desaparecen frente a la industria moderna

Ostale klase propadaju i konačno nestaju pred modernom industrijom

el proletariado es su producto especial y esencial

Proletarijat je njegov poseban i bitan proizvod

La clase media baja, el pequeño fabricante, el tendero, el artesano, el campesino

Niža srednja klasa, mali proizvođač, trgovac, obrtnik, seljak

todos ellos luchan contra la burguesía

sve se to bori protiv buržoazije

Luchan como fracciones de la clase media para salvarse de la extinción

Oni se bore kao frakcije srednje klase kako bi se spasili od izumiranja

Por lo tanto, no son revolucionarios, sino conservadores

Stoga nisu revolucionarni, već konzervativni

Más aún, son reaccionarios, porque tratan de hacer retroceder la rueda de la historia

Štoviše, oni su reakcionarni, jer pokušavaju vratiti kotač povijesti

Si por casualidad son revolucionarios, lo son sólo en vista de su inminente transferencia al proletariado

Ako su slučajno revolucionarni, to su samo s obzirom na njihov predstojeći prelazak u proletarijat

Por lo tanto, no defienden sus intereses presentes, sino sus intereses futuros

na taj način ne brane svoje sadašnje, već buduće interese

abandonan su propio punto de vista para situarse en el del proletariado

oni napuštaju svoje stajalište kako bi se postavili na stajalište proletarijata

La "clase peligrosa", la escoria social, esa masa pasivamente putrefacta arrojada por las capas más bajas de la vieja sociedad

"Opasna klasa", društveni ološ, ta pasivno trula masa koju su odbacili najniži slojevi starog društva

pueden, aquí y allá, ser arrastrados al movimiento por una revolución proletaria

oni mogu, tu i tamo, biti uvučeni u pokret proleterskom revolucijom

Sus condiciones de vida, sin embargo, la preparan mucho más para el papel de un instrumento sobornado de la intriga reaccionaria

Njegovi životni uvjeti, međutim, daleko ga više pripremaju za dio podmićenog oruđa reakcionarnih spletki

En las condiciones del proletariado, los de la vieja sociedad en general están ya virtualmente desbordados

U uvjetima proletarijata, oni starog društva u cjelini već su praktički preplavljeni

El proletario carece de propiedad

Proleter je bez imovine

su relación con su mujer y sus hijos ya no tiene nada en común con las relaciones familiares de la burguesía

njegov odnos sa ženom i djecom više nema ništa zajedničko s obiteljskim odnosima buržoazije

el trabajo industrial moderno, el sometimiento moderno al capital, lo mismo en Inglaterra que en Francia, en Estados Unidos como en Alemania

moderni industrijski rad, moderna podložnost kapitalu, isto u Engleskoj kao i u Francuskoj, u Americi kao i u Njemačkoj

Su condición en la sociedad lo ha despojado de todo rastro de carácter nacional

njegovo stanje u društvu oduzelo mu je svaki trag nacionalnog karaktera

El derecho, la moral, la religión, son para él otros tantos prejuicios burgueses

Zakon, moral, religija, za njega su toliko buržoaskih
predrasuda

**y detrás de estos prejuicios acechan emboscados otros tantos
intereses burgueses**

a iza tih predrasuda vrebaju u zasjedi jednako kao i mnogi
buržoaski interesi

**Todas las clases precedentes que se impusieron trataron de
fortalecer su estatus ya adquirido**

Sve prethodne klase koje su dobile prednost, nastojale su
učvrstiti svoj već stečeni status

**Lo hicieron sometiendo a la sociedad en general a sus
condiciones de apropiación**

To su učinili podvrgavajući društvo u cjelini svojim uvjetima
prisvajanja

**Los proletarios no pueden llegar a ser dueños de las fuerzas
productivas de la sociedad**

Proleteri ne mogu postati gospodari proizvodnih snaga
društva

**sólo puede hacerlo aboliendo su propio modo anterior de
apropiación**

to može učiniti samo ukidanjem vlastitog prethodnog načina
prisvajanja

**y, por lo tanto, también suprime cualquier otro modo
anterior de apropiación**

i time također ukida svaki drugi prethodni način prisvajanja

No tienen nada propio que asegurar y fortificar

Oni nemaju ništa svoje za osigurati i učvrstiti

**Su misión es destruir todos los valores y seguros anteriores
de la propiedad individual**

njihova je misija uništiti sve prethodne vrijednosne papire i
osiguranja pojedinačne imovine

**Todos los movimientos históricos anteriores fueron
movimientos de minorías**

Svi prethodni povijesni pokreti bili su pokreti manjina

o eran movimientos en interés de las minorías

ili su to bili pokreti u interesu manjina

El movimiento proletario es el movimiento consciente e independiente de la inmensa mayoría

Proleterski pokret je samosvjestan, neovisan pokret ogromne većine

Y es un movimiento en interés de la inmensa mayoría

i to je pokret u interesu ogromne većine

El proletariado, el estrato más bajo de nuestra sociedad actual

Proletarijat, najniži sloj našeg sadašnjeg društva

no puede agitarse ni elevarse sin que todos los estratos superiores de la sociedad oficial salgan al aire

ne može se uzburkati ili podići bez da se cijeli nadmoćni slojevi službenog društva podignu u zrak

Aunque no en el fondo, sí en la forma, la lucha del proletariado con la burguesía es, al principio, una lucha nacional

Iako ne u suštini, ali u formi, borba proletarijata s buržoazijom isprva je nacionalna borba

El proletariado de cada país debe, por supuesto, en primer lugar arreglar las cosas con su propia burguesía

Proletarijat svake zemlje mora, naravno, prije svega riješiti stvari sa svojom buržoazijom

Al describir las fases más generales del desarrollo del proletariado, hemos trazado la guerra civil más o menos velada

U prikazu najopćenitijih faza razvoja proletarijata, pratili smo manje ili više prikriveni građanski rat

Este civil está haciendo estragos dentro de la sociedad existente

Ovaj građanski bjesni unutar postojećeg društva

Se enfurecerá hasta el punto en que esa guerra estalle en una revolución abierta

bjesnit će do točke u kojoj će taj rat izbiti u otvorenu revoluciju

y luego el derrocamiento violento de la burguesía sienta las bases para el dominio del proletariado

a onda nasilno svrgavanje buržoazije postavlja temelje za vlast proletarijata

Hasta ahora, todas las formas de sociedad se han basado, como ya hemos visto, en el antagonismo de las clases opresoras y oprimidas

Do sada se svaki oblik društva temeljio, kao što smo već vidjeli, na antagonizmu ugnjetavajućih i potlačenih klasa

Pero para oprimir a una clase, hay que asegurarle ciertas condiciones

Ali da bi se klasa ugnjetavala, moraju joj se osigurati određeni uvjeti

La clase debe ser mantenida en condiciones en las que pueda, por lo menos, continuar su existencia servil

klasa se mora držati u uvjetima u kojima može, barem, nastaviti svoje ropsko postojanje

El siervo, en el período de la servidumbre, se elevaba a la comuna

Kmet se u razdoblju kmetstva uzdigao u članstvo u komuni

del mismo modo que la pequeña burguesía, bajo el yugo del absolutismo feudal, logró convertirse en burguesía

baš kao što se sitna buržoazija, pod jarmom feudalnog apsolutizma, uspjela razviti u buržoaziju

El obrero moderno, por el contrario, en lugar de elevarse con el progreso de la industria, se hunde cada vez más

Moderni radnik, naprotiv, umjesto da se uzdiže s napretkom industrije, tone sve dublje i dublje

se hunde por debajo de las condiciones de existencia de su propia clase

on tone ispod uvjeta postojanja vlastite klase

Se convierte en un indigente, y el pauperismo se desarrolla más rápidamente que la población y la riqueza

On postaje siromah, a siromaštvo se razvija brže od stanovništva i bogatstva

Y aquí se hace evidente que la burguesía ya no es apta para ser la clase dominante de la sociedad

I tu postaje očito da buržoazija više nije sposobna biti vladajuća klasa u društvu

y no es apta para imponer sus condiciones de existencia a la sociedad como una ley imperativa

i neprikladno je nametati svoje uvjete postojanja društvu kao prevladavajući zakon

Es incapaz de gobernar porque es incapaz de asegurar una existencia a su esclavo dentro de su esclavitud

Nesposoban je vladati jer je nesposoban osigurati egzistenciju svom robu u njegovom ropstvu

porque no puede evitar dejarlo hundirse en tal estado, que tiene que alimentarlo, en lugar de ser alimentado por él

jer ne može a da ga ne pusti da potone u takvo stanje, da ga mora hraniti, umjesto da ga on hrani

La sociedad ya no puede vivir bajo esta burguesía

Društvo više ne može živjeti pod ovom buržoazijom

En otras palabras, su existencia ya no es compatible con la sociedad

drugim riječima, njegovo postojanje više nije kompatibilno s društvom

La condición esencial para la existencia y el dominio de la burguesía es la formación y el aumento del capital

Osnovni uvjet za postojanje i utjecaj buržoaske klase je formiranje i povećanje kapitala

La condición del capital es el trabajo asalariado

uvjet za kapital je najamni rad

El trabajo asalariado se basa exclusivamente en la competencia entre los trabajadores

Najamni rad počiva isključivo na konkurenciji između radnika

El avance de la industria, cuyo promotor involuntario es la burguesía, sustituye al aislamiento de los obreros

Napredak industrije, čiji je nedobrovoljni promicatelj buržoazija, zamjenjuje izolaciju radnika

por la competencia, por su combinación revolucionaria, por la asociación

zbog konkurencije, zbog njihove revolucionarne kombinacije, zbog udruživanja

El desarrollo de la industria moderna corta bajo sus pies los cimientos mismos sobre los cuales la burguesía produce y se apropia de los productos

Razvoj moderne industrije siječe ispod nogu sam temelj na kojem buržoazija proizvodi i prisvaja proizvode

Lo que la burguesía produce, sobre todo, son sus propios sepultureros

Ono što buržoazija proizvodi, prije svega, su njeni vlastiti grobari

La caída de la burguesía y la victoria del proletariado son igualmente inevitables

Pad buržoazije i pobjeda proletarijata jednako su neizbježni

Proletarios y comunistas
Proleteri i komunisti

¿Qué relación tienen los comunistas con el conjunto de los proletarios?

U kakvom su odnosu komunisti prema proleterima u cjelini?

Los comunistas no forman un partido separado opuesto a otros partidos de la clase obrera

Komunisti ne formiraju zasebnu stranku nasuprot drugim strankama radničke klase

No tienen intereses separados y aparte de los del proletariado en su conjunto

Oni nemaju interese odvojene i odvojene od interesa proletarijata u cjelini

No establecen ningún principio sectario propio, con el cual dar forma y moldear el movimiento proletario

Oni ne postavljaju nikakve vlastite sektaške principe, po kojima bi oblikovali i oblikovali proleterski pokret

Los comunistas se distinguen de los demás partidos obreros sólo por dos cosas

Komunisti se razlikuju od ostalih stranaka radničke klase po samo dvije stvari

En primer lugar, señalan y ponen en primer plano los intereses comunes de todo el proletariado, independientemente de toda nacionalidad

Prvo, oni ukazuju i stavljaju u prvi plan zajedničke interese cijelog proletarijata, neovisno o svakoj nacionalnosti

Esto lo hacen en las luchas nacionales de los proletarios de los diferentes países

To čine u nacionalnim borbama proletera različitih zemalja

En segundo lugar, siempre y en todas partes representan los intereses del movimiento en su conjunto

Drugo, oni uvijek i svugdje zastupaju interese pokreta u cjelini

esto lo hacen en las diversas etapas de desarrollo por las que tiene que pasar la lucha de la clase obrera contra la burguesía

to čine u različitim fazama razvoja, kroz koje mora proći borba radničke klase protiv buržoazije

Los comunistas son, por lo tanto, por una parte, prácticamente, el sector más avanzado y resuelto de los partidos obreros de todos los países

Komunisti su, dakle, s jedne strane, praktički najnapredniji i najodlučniji dio radničkih stranaka svake zemlje

Son ese sector de la clase obrera que empuja hacia adelante a todos los demás

oni su onaj dio radničke klase koji gura naprijed sve druge

Teóricamente, también tienen la ventaja de entender claramente la línea de marcha

Teoretski, oni također imaju prednost jasnog razumijevanja linije marša

Esto lo comprenden mejor comparado con la gran masa del proletariado

To oni bolje razumiju u usporedbi s velikom masom proletarijata

Comprenden las condiciones y los resultados generales finales del movimiento proletario

Oni razumiju uvjete i krajnje opće rezultate proleterskog pokreta

El objetivo inmediato del comunista es el mismo que el de todos los demás partidos proletarios

Neposredni cilj komunista isti je kao i svih drugih proleterskih partija

Su objetivo es la formación del proletariado en una clase

Njihov cilj je formiranje proletarijata u klasu

su objetivo es derrocar la supremacía burguesa

cilj im je svrgnuti buržoasku nadmoć

la lucha por la conquista del poder político por el proletariado

težnja za osvajanjem političke moći od strane proletarijata

Las conclusiones teóricas de los comunistas no se basan en modo alguno en ideas o principios de reformadores

Teorijski zaključci komunista ni na koji način nisu utemeljeni na idejama ili načelima reformatora

no fueron los aspirantes a reformadores universales los que inventaron o descubrieron las conclusiones teóricas de los comunistas

nisu bili univerzalni reformatori ti koji su izmislili ili otkrili teorijske zaključke komunista

Se limitan a expresar, en términos generales, las relaciones reales que surgen de una lucha de clases existente

One samo izražavaju, općenito govoreći, stvarne odnose koji proizlaze iz postojeće klasne borbe

Y describen el movimiento histórico que está ocurriendo ante nuestros propios ojos y que ha creado esta lucha de clases

i opisuju povijesni pokret koji se odvijao pred našim očima i koji je stvorio ovu klasnu borbu

La abolición de las relaciones de propiedad existentes no es en absoluto un rasgo distintivo del comunismo

Ukidanje postojećih vlasničkih odnosa uopće nije karakteristično obilježje komunizma

Todas las relaciones de propiedad en el pasado han estado continuamente sujetas a cambios históricos

Svi vlasnički odnosi u prošlosti kontinuirano su bili podložni povijesnim promjenama

y estos cambios fueron consecuencia del cambio en las condiciones históricas

a te su promjene bile posljedica promjene povijesnih uvjeta

La Revolución Francesa, por ejemplo, abolió la propiedad feudal en favor de la propiedad burguesa

Francuska revolucija, na primjer, ukinula je feudalno vlasništvo u korist buržoaske imovine

El rasgo distintivo del comunismo no es la abolición de la propiedad, en general

Prepoznatljiva značajka komunizma nije ukidanje vlasništva, općenito

pero el rasgo distintivo del comunismo es la abolición de la propiedad burguesa

ali prepoznatljiva značajka komunizma je ukidanje buržoaske imovine

Pero la propiedad privada de la burguesía moderna es la expresión última y más completa del sistema de producción y apropiación de productos

Ali moderno buržoasko privatno vlasništvo je konačni i najpotpuniji izraz sustava proizvodnje i prisvajanja proizvoda

Es el estado final de un sistema que se basa en los antagonismos de clase, donde el antagonismo de clase es la explotación de la mayoría por unos pocos

to je konačno stanje sustava koji se temelji na klasnim antagonizmima, gdje je klasni antagonizam eksploatacija mnogih od strane nekolicine

En este sentido, la teoría de los comunistas puede resumirse en una sola frase; la abolición de la propiedad privada

U tom smislu, teorija komunista može se sažeti u jednu rečenicu; ukidanje privatnog vlasništva

A los comunistas se nos ha reprochado el deseo de abolir el derecho de adquirir personalmente la propiedad

Nama komunistima se prigovara želja za ukidanjem prava osobnog stjecanja imovine

Se afirma que esta propiedad es el fruto del propio trabajo de un hombre

Tvrdi se da je ovo svojstvo plod čovjekovog vlastitog rada

y se alega que esta propiedad es la base de toda libertad, actividad e independencia personal.

a to je vlasništvo navodno temelj svake osobne slobode, aktivnosti i neovisnosti.

"¡Propiedad ganada con esfuerzo, adquirida por uno mismo, ganada por uno mismo!"

"Teško stečena, samostečena, samozarađena imovina!"

¿Te refieres a la propiedad del pequeño artesano y del pequeño campesino?

Mislite li na vlasništvo sitnog obrtnika i malog seljaka?

¿Te refieres a una forma de propiedad que precedió a la forma burguesa?

Mislite li na oblik vlasništva koji je prethodio buržoaskom obliku?

No hay necesidad de abolir eso, el desarrollo de la industria ya lo ha destruido en gran medida

To ne treba ukinuti, razvoj industrije ga je već u velikoj mjeri uništio

y el desarrollo de la industria sigue destruyéndola diariamente

a razvoj industrije ga i dalje svakodnevno uništava

¿O te refieres a la propiedad privada de la burguesía moderna?

Ili mislite na privatno vlasništvo moderne buržoazije?

Pero, ¿crea el trabajo asalariado alguna propiedad para el trabajador?

No, stvara li najamni rad ikakvo vlasništvo za radnika?

¡No, el trabajo asalariado no crea ni una pizca de este tipo de propiedad!

Ne, najamni rad ne stvara ni jedan dio ove vrste imovine!

Lo que sí crea el trabajo asalariado es capital; ese tipo de propiedad que explota el trabajo asalariado

ono što najamni rad stvara je kapital; onu vrstu imovine koja iskorištava najamni rad

El capital no puede aumentar sino a condición de engendrar una nueva oferta de trabajo asalariado para una nueva explotación

kapital se ne može povećavati osim pod uvjetom da se stvori nova ponuda najamnog rada za novu eksploataciju

La propiedad, en su forma actual, se basa en el antagonismo entre el capital y el trabajo asalariado

Vlasništvo, u svom sadašnjem obliku, temelji se na antagonizmu kapitala i najamnog rada

Examinemos los dos lados de este antagonismo

Ispitajmo obje strane ovog antagonizma

Ser capitalista es tener no sólo un estatus puramente personal
Biti kapitalist znači imati ne samo čisto osobni status
En cambio, ser capitalista es también tener un estatus social en la producción
umjesto toga, biti kapitalist također znači imati društveni status u proizvodnji
porque el capital es un producto colectivo; Sólo mediante la acción unida de muchos miembros puede ponerse en marcha
jer je kapital kolektivni proizvod; samo ujedinjenim djelovanjem mnogih članova može se pokrenuti
Pero esta acción unida es el último recurso, y en realidad requiere de todos los miembros de la sociedad
Ali ova ujedinjena akcija je posljednje utočište, i zapravo zahtijeva sve članove društva
El capital se convierte en propiedad de todos los miembros de la sociedad
Kapital se pretvara u vlasništvo svih članova društva
pero el Capital no es, por lo tanto, un poder personal; Es un poder social
ali Kapital, dakle, nije osobna moć; to je društvena moć
Así, cuando el capital se convierte en propiedad social, la propiedad personal no se transforma en propiedad social
Dakle, kada se kapital pretvara u društveno vlasništvo, osobno vlasništvo se time ne pretvara u društveno vlasništvo
Lo único que cambia es el carácter social de la propiedad y pierde su carácter de clase
Samo se društveni karakter vlasništva mijenja i gubi svoj klasni karakter
Veamos ahora el trabajo asalariado
Pogledajmo sada najamni rad
El precio medio del trabajo asalariado es el salario mínimo, es decir, la cantidad de medios de subsistencia
Prosječna cijena najamnog rada je minimalna plaća, tj. ona količina sredstava za život

Este salario es absolutamente necesario en la mera existencia de un obrero

Ova plaća je apsolutno neophodna u goloj egzistenciji kao radnika

Por lo tanto, lo que el asalariado se apropia por medio de su trabajo, sólo basta para prolongar y reproducir una existencia desnuda

Ono što dakle najamni radnik prisvaja svojim radom, dovoljno je samo da produži i reproducira golu egzistenciju

De ninguna manera pretendemos abolir esta apropiación personal de los productos del trabajo

Mi nipošto ne namjeravamo ukinuti ovo osobno prisvajanje proizvoda rada

una apropiación que se hace para el mantenimiento y la reproducción de la vida humana

sredstva koja se izdvajaju za održavanje i reprodukciju ljudskog života

Tal apropiación personal de los productos del trabajo no deja ningún excedente con el que ordenar el trabajo de otros

takvo osobno prisvajanje proizvoda rada ne ostavlja višak kojim bi se zapovijedao radom drugih

Lo único que queremos eliminar es el carácter miserable de esta apropiación

Sve što želimo ukloniti je bijedni karakter ovog prisvajanja

la apropiación bajo la cual vive el obrero sólo para aumentar el capital

prisvajanje pod kojim radnik živi samo da bi povećao kapital

Sólo se le permite vivir en la medida en que lo exija el interés de la clase dominante

dopušteno mu je živjeti samo onoliko koliko to zahtijeva interes vladajuće klase

En la sociedad burguesa, el trabajo vivo no es más que un medio para aumentar el trabajo acumulado

U buržoaskom društvu živi rad je samo sredstvo za povećanje akumuliranog rada

En la sociedad comunista, el trabajo acumulado no es más que un medio para ampliar, para enriquecer y para promover la existencia del obrero

U komunističkom društvu akumulirani rad je samo sredstvo za širenje, bogaćenje, promicanje egzistencije radnika

En la sociedad burguesa, por lo tanto, el pasado domina al presente

U buržoaskom društvu, dakle, prošlost dominira sadašnjošću

en la sociedad comunista el presente domina al pasado

u komunističkom društvu sadašnjost dominira prošlošću

En la sociedad burguesa el capital es independiente y tiene individualidad

U buržoaskom društvu kapital je neovisan i ima individualnost

En la sociedad burguesa la persona viva es dependiente y no tiene individualidad

U buržoaskom društvu živa osoba je ovisna i nema individualnosti

¡Y la abolición de este estado de cosas es llamada por la burguesía, abolición de la individualidad y de la libertad!

A ukidanje ovog stanja stvari buržoazija naziva ukidanjem individualnosti i slobode!

¡Y con razón se llama la abolición de la individualidad y de la libertad!

I s pravom se naziva ukidanjem individualnosti i slobode!

El comunismo aspira a la abolición de la individualidad burguesa

Komunizam teži ukidanju buržoaske individualnosti

El comunismo pretende la abolición de la independencia burguesa

Komunizam namjerava ukinuti buržoasku neovisnost

La libertad burguesa es, sin duda, a lo que aspira el comunismo

Buržoaska sloboda je nesumnjivo ono čemu komunizam teži

en las actuales condiciones de producción de la burguesía, la libertad significa libre comercio, libre venta y compra

u sadašnjim buržoaskim uvjetima proizvodnje, sloboda znači slobodnu trgovinu, slobodnu prodaju i kupnju

Pero si desaparece la venta y la compra, también desaparece la libre venta y la compra

Ali ako prodaja i kupnja nestanu, nestaje i slobodna prodaja i kupnja

Las "palabras valientes" de la burguesía sobre la libre venta y compra sólo tienen sentido en un sentido limitado

"hrabre riječi" buržoazije o slobodnoj prodaji i kupnji imaju značenje samo u ograničenom smislu

Estas palabras tienen significado solo en contraste con la venta y la compra restringidas

Ove riječi imaju značenje samo za razliku od ograničene prodaje i kupnje

y estas palabras sólo tienen sentido cuando se aplican a los comerciantes encadenados de la Edad Media

a ove riječi imaju značenje samo kada se primjenjuju na okovane trgovce srednjeg vijeka

y eso supone que estas palabras incluso tienen un significado en un sentido burgués

a to pretpostavlja da ove riječi imaju značenje čak i u buržoaskom smislu

pero estas palabras no tienen ningún significado cuando se usan para oponerse a la abolición comunista de la compra y venta

ali ove riječi nemaju značenje kada se koriste za suprotstavljanje komunističkom ukidanju kupnje i prodaje

las palabras no tienen sentido cuando se usan para oponerse a la abolición de las condiciones de producción de la burguesía

riječi nemaju značenje kada se koriste kako bi se suprotstavile buržoaskim uvjetima proizvodnje koji su ukinuti

y no tienen ningún sentido cuando se utilizan para oponerse a la abolición de la propia burguesía

i nemaju smisla kada se koriste za suprotstavljanje ukidanju same buržoazije

Ustedes están horrorizados de nuestra intención de acabar con la propiedad privada

Užasnuti ste što namjeravamo ukinuti privatno vlasništvo

Pero en la sociedad actual, la propiedad privada ya ha sido eliminada para las nueve décimas partes de la población

Ali u vašem postojećem društvu privatno vlasništvo je već ukinuto za devet desetina stanovništva

La existencia de la propiedad privada para unos pocos se debe únicamente a su inexistencia en manos de las nueve décimas partes de la población

Postojanje privatnog vlasništva za nekolicinu isključivo je posljedica njegovog nepostojanja u rukama devet desetina stanovništva

Por lo tanto, nos reprochas que pretendamos acabar con una forma de propiedad

Stoga nam prigovarate da namjeravamo ukinuti neki oblik vlasništva

Pero la propiedad privada requiere la inexistencia de propiedad alguna para la inmensa mayoría de la sociedad

ali privatno vlasništvo zahtijeva nepostojanje bilo kakvog vlasništva za ogromnu većinu društva

En una palabra, nos reprochas que pretendamos acabar con tu propiedad

Jednom riječju, prigovarate nam što namjeravamo ukinuti vašu imovinu

Y es precisamente así; prescindir de su propiedad es justo lo que pretendemos

I upravo je tako; ukidanje vaše imovine je upravo ono što namjeravamo

Desde el momento en que el trabajo ya no puede convertirse en capital, dinero o renta

Od trenutka kada se rad više ne može pretvoriti u kapital, novac ili rentu

cuando el trabajo ya no puede convertirse en un poder social capaz de ser monopolizado

kada se rad više ne može pretvoriti u društvenu moć koja se
može monopolizirati

**desde el momento en que la propiedad individual ya no
puede transformarse en propiedad burguesa**

od trenutka kada se individualna imovina više ne može
transformirati u buržoasku imovinu

**desde el momento en que la propiedad individual ya no
puede transformarse en capital**

od trenutka kada se individualno vlasništvo više ne može
pretvoriti u kapital

**A partir de ese momento, dices que la individualidad se
desvanece**

Od tog trenutka kažete da individualnost nestaje

**Debéis confesar, pues, que por "individuo" no os referimos a
otra persona que a la burguesía**

Morate, dakle, priznati da pod "pojedincem" ne mislite na
nijednu drugu osobu osim na buržoaziju

**Debes confesar que se refiere específicamente al propietario
de una propiedad de clase media**

morate priznati da se to posebno odnosi na vlasnika
nekretnine srednje klase

**Esta persona debe, en verdad, ser barrida del camino, y
hecha imposible**

Ovu osobu, doista, treba maknuti s puta i učiniti nemogućom

**El comunismo no priva a ningún hombre del poder de
apropiarse de los productos de la sociedad**

Komunizam nijednom čovjeku ne uskraćuje moć da prisvaja
proizvode društva

**todo lo que hace el comunismo es privarlo del poder de
subyugar el trabajo de otros por medio de tal apropiación**

sve što komunizam čini je da mu oduzima moć da pokorava
rad drugih putem takvog prisvajanja

**Se ha objetado que, tras la abolición de la propiedad
privada, cesará todo trabajo**

Prigovor je da će nakon ukidanja privatnog vlasništva svi
radovi prestati

y entonces se sugiere que la pereza universal se apoderará de nosotros

i tada se sugerira da će nas sveopća lijenost obuzeti

De acuerdo con esto, la sociedad burguesa debería haber ido hace mucho tiempo a los perros por pura ociosidad

Prema tome, buržoasko društvo je odavno trebalo otići psima iz čiste besposlenosti

porque los de sus miembros que trabajan, no adquieren nada

jer oni od njegovih članova koji rade, ne stječu ništa

y los de sus miembros que adquieren algo, no trabajan

a oni od njegovih članova koji nešto steknu, ne rade

Toda esta objeción no es más que otra expresión de la tautología

Cijeli ovaj prigovor samo je još jedan izraz tautologije

Ya no puede haber trabajo asalariado cuando ya no hay capital

više ne može biti najamnog rada kada više nema kapitala

No hay diferencia entre los productos materiales y los productos mentales

Nema razlike između materijalnih proizvoda i mentalnih proizvoda

El comunismo propone que ambos se producen de la misma manera

Komunizam predlaže da se oba proizvedu na isti način

pero las objeciones contra los modos comunistas de producirlos son las mismas

ali prigovori protiv komunističkih načina njihove proizvodnje su isti

para la burguesía, la desaparición de la propiedad de clase es la desaparición de la producción misma

za buržoaziju je nestanak klasnog vlasništva nestanak same proizvodnje

De modo que la desaparición de la cultura de clase es para él idéntica a la desaparición de toda cultura

Dakle, nestanak klasne kulture za njega je identičan nestanku cijele kulture

Esa cultura, cuya pérdida lamenta, es para la inmensa mayoría un mero entrenamiento para actuar como una máquina

Ta kultura, za čijim gubitkom žali, za ogromnu je većinu puka obuka za djelovanje kao stroj

Los comunistas tienen la firme intención de abolir la cultura de la propiedad burguesa

Komunisti itekako namjeravaju ukinuti kulturu buržoaskog vlasništva

Pero no discutan con nosotros mientras apliquen el estándar de sus nociones burguesas de libertad, cultura, ley, etc

Ali nemojte se svađati s nama sve dok primjenjujete standard svojih buržoaskih pojmova slobode, kulture, zakona itd

Vuestras mismas ideas no son más que el resultado de las condiciones de la producción burguesa y de la propiedad burguesa

Same vaše ideje su samo izdanak uvjeta vaše buržoaske proizvodnje i buržoaskog vlasništva

del mismo modo que vuestra jurisprudencia no es más que la voluntad de vuestra clase convertida en ley para todos

baš kao što je vaša jurisprudencija samo volja vaše klase koja je pretvorena u zakon za sve

El carácter esencial y la dirección de esta voluntad están determinados por las condiciones económicas que crea su clase social

Suštinski karakter i smjer ove oporuke određeni su ekonomskim uvjetima koje stvara vaša društvena klasa

El concepto erróneo egoísta que te induce a transformar las formas sociales en leyes eternas de la naturaleza y de la razón

Sebična zabluda koja vas navodi da transformirate društvene oblike u vječne zakone prirode i razuma

las formas sociales que brotan de vuestro actual modo de producción y de vuestra forma de propiedad

društveni oblici koji proizlaze iz vašeg sadašnjeg načina proizvodnje i oblika vlasništva

relaciones históricas que surgen y desaparecen en el progreso de la producción

povijesni odnosi koji se uzdižu i nestaju u napretku proizvodnje

Este concepto erróneo lo compartes con todas las clases dominantes que te han precedido

ovu zabludu dijelite sa svakom vladajućom klasom koja vam je prethodila

Lo que se ve claramente en el caso de la propiedad antigua, lo que se admite en el caso de la propiedad feudal

Ono što jasno vidite u slučaju drevnog vlasništva, ono što priznajete u slučaju feudalne imovine

estas cosas, por supuesto, le está prohibido admitir en el caso de su propia forma burguesa de propiedad

ove stvari vam je, naravno, zabranjeno priznati u slučaju vašeg vlastitog buržoaskog oblika vlasništva

¡Abolición de la familia! Hasta los más radicales estallan ante esta infame propuesta de los comunistas

Ukidanje obitelji! Čak i najradikalniji rasplamsavaju se na ovaj zloglasni prijedlog komunista

¿Sobre qué base se asienta la familia actual, la familia Bourgeoisie?

Na kojem se temelju temelji sadašnja obitelj, obitelj Bourgeoisie?

La base de la familia actual se basa en el capital y la ganancia privada

Temelj sadašnje obitelji temelji se na kapitalu i privatnoj dobiti

En su forma completamente desarrollada, esta familia sólo existe entre la burguesía

U svom potpuno razvijenom obliku ova obitelj postoji samo među buržoazijom

Este estado de cosas encuentra su complemento en la ausencia práctica de la familia entre los proletarios

Ovo stanje stvari nalazi svoju nadopunu u praktičnoj odsutnosti obitelji među proleterima

Este estado de cosas se puede encontrar en la prostitución pública

Takvo stanje stvari može se naći u javnoj prostituciji

La familia Bourgeoisie se desvanecerá como algo natural cuando su complemento se desvanezca

Buržoaska obitelj će nestati samo po sebi kada nestane njezin kompunt

y ambos se desvanecerán con la desaparición del capital

i oboje će nestati s nestankom kapitala

¿Nos acusan de querer detener la explotación de los niños por parte de sus padres?

Optužujete li nas da želimo zaustaviti iskorištavanje djece od strane njihovih roditelja?

De este crimen nos declaramos culpables

Za ovaj zločin priznajemo krivnju

Pero, dirás, destruimos la más sagrada de las relaciones, cuando reemplazamos la educación en el hogar por la educación social

Ali, reći ćete, uništavamo najsvetije odnose, kada kućni odgoj zamijenimo socijalnim obrazovanjem

¿No es también social su educación? ¿Y no está determinado por las condiciones sociales en las que se educa?

Nije li vaše obrazovanje također društveno? I nije li to određeno društvenim uvjetima pod kojima obrazujete?

por la intervención, directa o indirecta, de la sociedad, por medio de las escuelas, etc.

intervencijom, izravnom ili neizravnom, društva, putem škola itd.

Los comunistas no han inventado la intervención de la sociedad en la educación

Komunisti nisu izmislili intervenciju društva u obrazovanje

lo único que pretenden es alterar el carácter de esa intervención

oni samo nastoje promijeniti karakter te intervencije

y buscan rescatar la educación de la influencia de la clase dominante

i nastoje spasiti obrazovanje od utjecaja vladajuće klase

La burguesía habla de la sagrada correlación entre padres e hijos

Buržoazija govori o svetom suodnosu roditelja i djeteta

pero esta trampa sobre la familia y la educación se vuelve aún más repugnante cuando miramos a la industria moderna

ali ova zamka o obitelji i obrazovanju postaje još odvratnija kada pogledamo modernu industriju

Todos los lazos familiares entre los proletarios son desgarrados por la industria moderna

Sve obiteljske veze među proleterima rastrgane su modernom industrijom

Sus hijos se transforman en simples artículos de comercio e instrumentos de trabajo

njihova djeca se pretvaraju u jednostavne trgovačke predmete i sredstva rada

Pero vosotros, los comunistas, creáis una comunidad de mujeres, grita a coro toda la burguesía

Ali vi komunisti biste stvorili zajednicu žena, vrišti cijela buržoazija u zboru

La burguesía ve en su mujer un mero instrumento de producción

Buržoazija u svojoj ženi vidi puko sredstvo proizvodnje

Oye que los instrumentos de producción deben ser explotados por todos

On čuje da instrumente proizvodnje trebaju iskorištavati svi

Y, naturalmente, no puede llegar a otra conclusión que la de que la suerte de ser común a todos recaerá igualmente en las mujeres

i, naravno, ne može doći do drugog zaključka osim da će sudbina zajedničkog svima također pripasti ženama

Ni siquiera sospecha que el verdadero objetivo es acabar con la condición de la mujer como meros instrumentos de producción

On čak ni ne sumnja da je prava poanta ukinuti status žena
kao pukih instrumenata proizvodnje

**Por lo demás, nada es más ridículo que la virtuosa
indignación de nuestra burguesía contra la comunidad de
mujeres**

U ostalom, ništa nije smješnije od kreposnog ogorčenja naše
buržoazije na zajednicu žena

**pretenden que sea abierta y oficialmente establecida por los
comunistas**

pretvaraju se da su je otvoreno i službeno uspostavili
komunisti

**Los comunistas no tienen necesidad de introducir la
comunidad de mujeres, ha existido casi desde tiempos
inmemoriales**

Komunisti nemaju potrebu uvoditi zajednicu žena, ona postoji
gotovo od pamtivijeka

**Nuestra burguesía no se contenta con tener a su disposición
a las mujeres e hijas de sus proletarios**

Naša buržoazija nije zadovoljna time što ima na raspolaganju
žene i kćeri svojih proletera

Tienen el mayor placer en seducir a las esposas de los demás

najveće zadovoljstvo uživaju u zavođenju žena jedno drugoga

Y eso sin hablar de las prostitutas comunes

a to čak i ne govori o običnim prostitutkama

**El matrimonio burgués es en realidad un sistema de esposas
en común**

Buržoaski brak je u stvarnosti zajednički sustav žena

**entonces hay una cosa que se podría reprochar a los
comunistas**

onda postoji jedna stvar koja bi komunistima mogla biti
zamjerena

**Desean introducir una comunidad de mujeres abiertamente
legalizada**

žele uvesti otvoreno legaliziranu zajednicu žena

**en lugar de una comunidad de mujeres hipócritamente
oculta**

a ne licemjerno prikrivena zajednica žena

la comunidad de mujeres que surgen del sistema de producción

zajednica žena koja proizlazi iz sustava proizvodnje

abolid el sistema de producción y abolid la comunidad de mujeres

ukinuti sustav proizvodnje, i ukinuti ćete zajednicu žena

Se suprime la prostitución pública y la prostitución privada

Ukida se i javna prostitucija i privatna prostitucija

A los comunistas se les reprocha, además, que desean abolir los países y las nacionalidades

Komunistima se još više zamjera želja za ukidanjem zemalja i nacionalnosti

Los trabajadores no tienen patria, así que no podemos quitarles lo que no tienen

Radnici nemaju zemlju, pa im ne možemo oduzeti ono što nemaju

El proletariado debe, ante todo, adquirir la supremacía política

Proletarijat prije svega mora steći političku nadmoć

El proletariado debe elevarse para ser la clase dirigente de la nación

Proletarijat se mora uzdignuti da bude vodeća klasa nacije

El proletariado debe constituirse en la nación

Proletarijat se mora konstituirati kao nacija

es, hasta ahora, nacional, aunque no en el sentido burgués de la palabra

ona je, zasad, sama nacionalna, iako ne u buržoaskom smislu te riječi

Las diferencias nacionales y los antagonismos entre los pueblos desaparecen cada día más

Nacionalne razlike i antagonizmi među narodima svakim danom sve više nestaju

debido al desarrollo de la burguesía, a la libertad de comercio, al mercado mundial

zahvaljujući razvoju buržoazije, slobodi trgovine, svjetskom tržištu

a la uniformidad en el modo de producción y en las condiciones de vida correspondientes

do ujednačenosti načina proizvodnje i životnih uvjeta koji mu odgovaraju

La supremacía del proletariado hará que desaparezcan aún más rápidamente

Nadmoć proletarijata uzrokovat će da nestanu još brže

La acción unida, al menos de los principales países civilizados, es una de las primeras condiciones para la emancipación del proletariado

Ujedinjeno djelovanje, barem vodećih civiliziranih zemalja, jedan je od prvih uvjeta za emancipaciju proletarijata

En la medida en que se ponga fin a la explotación de un individuo por otro, también se pondrá fin a la explotación de una nación por otra.

U onoj mjeri u kojoj se stane na kraj eksploataciji jednog pojedinca od strane drugog, tako će se stati na kraj i eksploataciji jedne nacije od strane druge

A medida que desaparezca el antagonismo entre las clases dentro de la nación, la hostilidad de una nación hacia otra llegará a su fin

Proporcionalno tome kako antagonizam između klasa unutar nacije nestane, neprijateljstvo jedne nacije prema drugoj će doći do kraja

Las acusaciones contra el comunismo hechas desde un punto de vista religioso, filosófico y, en general, ideológico, no merecen un examen serio

Optužbe protiv komunizma iznesene s vjerskog, filozofskog i, općenito, s ideološkog stajališta, ne zaslužuju ozbiljno ispitivanje

¿Se requiere una intuición profunda para comprender que las ideas, puntos de vista y concepciones del hombre cambian con cada cambio en las condiciones de su existencia material?

Je li potrebna duboka intuicija da bi se shvatilo da se čovjekove ideje, pogledi i koncepcije mijenjaju sa svakom promjenom uvjeta njegove materijalne egzistencije?

¿No es obvio que la conciencia del hombre cambia cuando cambian sus relaciones sociales y su vida social?

Nije li očito da se čovjekova svijest mijenja kada se promijene njegovi društveni odnosi i njegov društveni život?

¿Qué otra cosa prueba la historia de las ideas sino que la producción intelectual cambia de carácter a medida que cambia la producción material?

Što drugo dokazuje povijest ideja, osim da intelektualna proizvodnja mijenja svoj karakter proporcionalno tome kako se mijenja materijalna proizvodnja?

Las ideas dominantes de cada época han sido siempre las ideas de su clase dominante

Vladajuće ideje svakog doba oduvijek su bile ideje vladajuće klase

Cuando se habla de ideas que revolucionan la sociedad, no hace más que expresar un hecho

Kada ljudi govore o idejama koje revolucioniraju društvo, oni izražavaju samo jednu činjenicu

Dentro de la vieja sociedad, se han creado los elementos de una nueva

unutar starog društva stvoreni su elementi novog

y que la disolución de las viejas ideas sigue el mismo ritmo que la disolución de las viejas condiciones de existencia

i da raspad starih ideja ide u korak s rastvaranjem starih uvjeta postojanja

Cuando el mundo antiguo estaba en sus últimos estertores, las religiones antiguas fueron vencidas por el cristianismo

Kada je drevni svijet bio u posljednjim mukama, drevne religije nadvladalo je kršćanstvo

Cuando las ideas cristianas sucumbieron en el siglo XVIII a las ideas racionalistas, la sociedad feudal libró su batalla a muerte contra la burguesía revolucionaria de entonces

Kada su kršćanske ideje u 18. stoljeću podlegle racionalističkim idejama, feudalno društvo vodilo je smrtnu bitku s tada revolucionarnom buržoazijom

Las ideas de la libertad religiosa y de la libertad de conciencia no hacían más que expresar el dominio de la libre competencia en el dominio del conocimiento

Ideje vjerske slobode i slobode savjesti samo su izrazile utjecaj slobodne konkurencije unutar domene znanja

"Indudablemente", se dirá, "las ideas religiosas, morales, filosóficas y jurídicas se han modificado en el curso del desarrollo histórico"

"Bez sumnje", reći će, "vjerske, moralne, filozofske i pravne ideje su modificirane tijekom povijesnog razvoja"

"Pero la religión, la filosofía de la moral, la ciencia política y el derecho, sobrevivieron constantemente a este cambio"

"Ali religija, moral, filozofija, političke znanosti i pravo, stalno su preživljavali ovu promjenu"

"También hay verdades eternas, como la Libertad, la Justicia, etc."

"Postoje i vječne istine, kao što su sloboda, pravda itd."

"Estas verdades eternas son comunes a todos los estados de la sociedad"

"Ove vječne istine zajedničke su svim stanjima društva"

"Pero el comunismo suprime las verdades eternas, suprime toda religión y toda moral"

"Ali komunizam ukida vječne istine, ukida svaku religiju i sav moral"

"Lo hace en lugar de constituirlos sobre una nueva base"

"to čini umjesto da ih konstituira na novoj osnovi"

"Por lo tanto, actúa en contradicción con toda la experiencia histórica pasada"

"stoga djeluje u suprotnosti sa svim prošlim povijesnim iskustvima"

¿A qué se reduce esta acusación?

Na što se svodi ova optužba?

La historia de toda la sociedad pasada ha consistido en el desarrollo de antagonismos de clase

Povijest cijelog prošlog društva sastojala se u razvoju klasnih antagonizama

antagonismos que asumieron diferentes formas en diferentes épocas

antagonizmi koji su poprimili različite oblike u različitim epohama

Pero cualquiera que sea la forma que hayan tomado, un hecho es común a todas las épocas pasadas

Ali kakav god oblik poprimili, jedna je činjenica zajednička svim prošlim vremenima

la explotación de una parte de la sociedad por la otra

iskorištavanje jednog dijela društva od strane drugog

No es de extrañar, pues, que la conciencia social de épocas pasadas se mueva dentro de ciertas formas comunes o ideas generales

Stoga nije ni čudo da se društvena svijest prošlih stoljeća kreće unutar određenih zajedničkih oblika ili općih ideja

(y eso a pesar de toda la multiplicidad y variedad que muestra)

(i to unatoč svoj mnogostrukosti i raznolikosti koju prikazuje)

y éstos no pueden desaparecer por completo sino con la desaparición total de los antagonismos de clase

a oni ne mogu potpuno nestati osim potpunim nestankom klasnih antagonizama

La revolución comunista es la ruptura más radical con las relaciones tradicionales de propiedad

Komunistička revolucija je najradikalniji raskid s tradicionalnim vlasničkim odnosima

No es de extrañar que su desarrollo implique la ruptura más radical con las ideas tradicionales

Nije ni čudo što njegov razvoj uključuje najradikalniji raskid s tradicionalnim idejama

Pero dejemos de lado las objeciones de la burguesía al comunismo

Ali završimo s buržoaskim prigovorima komunizmu
Hemos visto más arriba el primer paso de la revolución de la clase obrera
Gore smo vidjeli prvi korak u revoluciji radničke klase
Hay que elevar al proletariado a la posición de gobernante, para ganar la batalla de la democracia
Proletarijat mora biti uzdignut na poziciju vladajućeg, da bi dobio bitku za demokratiju
El proletariado utilizará su supremacía política para arrebatar, poco a poco, todo el capital a la burguesía
Proletarijat će iskoristiti svoju političku nadmoć da postupno otme sav kapital od buržoazije
centralizará todos los instrumentos de producción en manos del Estado
centralizirat će sve instrumente proizvodnje u rukama države
En otras palabras, el proletariado organizado como clase dominante
drugim riječima, proletarijat se organizirao kao vladajuća klasa
y aumentará el total de las fuerzas productivas lo más rápidamente posible
i povećat će ukupne proizvodne snage što je brže moguće
Por supuesto, al principio, esto no puede llevarse a cabo sino por medio de incursiones despóticas en los derechos de propiedad
Naravno, u početku se to ne može postići osim putem despotskih prodora u prava vlasništva
y tiene que lograrse en las condiciones de la producción burguesa
i to se mora postići u uvjetima buržoaske proizvodnje
Por lo tanto, se logra mediante medidas que parecen económicamente insuficientes e insostenibles
stoga se postiže mjerama koje se čine ekonomski nedostatnima i neodrživima
pero estos medios, en el curso del movimiento, se superan a sí mismos

ali ta sredstva, tijekom pokreta, nadmašuju sama sebe
Requieren nuevas incursiones en el viejo orden social
oni zahtijevaju daljnje prodore u stari društveni poredak
**y son ineludibles como medio de revolucionar por completo
el modo de producción**
i oni su neizbježni kao sredstvo za potpunu revoluciju načina
proizvodnje
**Por supuesto, estas medidas serán diferentes en los distintos
países**
Te će mjere, naravno, biti različite u različitim zemljama
**Sin embargo, en los países más avanzados, lo siguiente será
de aplicación bastante general**
Ipak, u najnaprednijim zemljama sljedeće će biti prilično
općenito primjenjivo
**1. Abolición de la propiedad de la tierra y aplicación de
todas las rentas de la tierra a fines públicos.**
1. Ukidanje vlasništva na zemljištu i primjena svih zemljišnih
zakupnina u javne svrhe.
2. Un fuerte impuesto progresivo o gradual sobre la renta.
2. Veliki progresivni ili graduirani porez na dohodak.
3. Abolición de todo derecho de herencia.
3. Ukidanje svih prava nasljeđivanja.
**4. Confiscación de los bienes de todos los emigrantes y
rebeldes.**
4. Oduzimanje imovine svih iseljenika i pobunjenika.
**5. Centralización del crédito en manos del Estado, por medio
de un banco nacional de capital estatal y monopolio
exclusivo.**
5. Centralizacija kredita u rukama države, putem nacionalne
banke s državnim kapitalom i isključivim monopolom.
**6. Centralización de los medios de comunicación y
transporte en manos del Estado.**
6. Centralizacija sredstava komunikacije i prijevoza u rukama
države.
**7. Ampliación de fábricas e instrumentos de producción
propiedad del Estado**

7. Proširenje tvornica i proizvodnih instrumenata u vlasništvu države
la puesta en cultivo de tierras baldías y el mejoramiento del suelo en general de acuerdo con un plan común.
dovođenje pustoši u obrađivanje i poboljšanje tla općenito u skladu sa zajedničkim planom.
8. Igual responsabilidad de todos hacia el trabajo
8. Jednaka odgovornost svih prema radu
Establecimiento de ejércitos industriales, especialmente para la agricultura.
Osnivanje industrijskih vojski, posebno za poljoprivredu.
9. Combinación de la agricultura con las industrias manufactureras
9. Kombinacija poljoprivrede s prerađivačkom industrijom
Abolición gradual de la distinción entre la ciudad y el campo, por una distribución más equitativa de la población en todo el país.
postupno ukidanje razlike između grada i sela, ravnomjernijom raspodjelom stanovništva po zemlji.
10. Educación gratuita para todos los niños en las escuelas públicas.
10. Besplatno obrazovanje za svu djecu u javnim školama.
Abolición del trabajo infantil en las fábricas en su forma actual
Ukidanje dječjeg tvorničkog rada u sadašnjem obliku
Combinación de la educación con la producción industrial
Kombinacija obrazovanja s industrijskom proizvodnjom
Cuando, en el curso del desarrollo, las distinciones de clase han desaparecido
Kada su, tijekom razvoja, klasne razlike nestale
y cuando toda la producción se ha concentrado en manos de una vasta asociación de toda la nación
i kada je sva proizvodnja koncentrirana u rukama širokog udruženja cijele nacije
entonces el poder público perderá su carácter político
tada će javna vlast izgubiti svoj politički karakter

El poder político, propiamente dicho, no es más que el poder organizado de una clase para oprimir a otra

Politička moć, u pravom smislu, samo je organizirana moć jedne klase za ugnjetavanje druge

Si el proletariado, en su lucha contra la burguesía, se ve obligado, por la fuerza de las circunstancias, a organizarse como clase

Ako je proletarijat tijekom svog sukoba s buržoazijom prisiljen, snagom okolnosti, organizirati se kao klasa

si, por medio de una revolución, se convierte en la clase dominante

ako se pomoću revolucije učini vladajućom klasom

y, como tal, barre por la fuerza las viejas condiciones de producción

i, kao takav, silom briše stare uvjete proizvodnje

entonces, junto con estas condiciones, habrá barrido las condiciones para la existencia de los antagonismos de clase y de las clases en general

tada će, zajedno s tim uvjetima, pomesti uvjete za postojanje klasnih antagonizama i klasa općenito

y con ello habrá abolido su propia supremacía como clase.

i time će ukinuti vlastitu nadmoć kao klase.

En lugar de la vieja sociedad burguesa, con sus clases y sus antagonismos de clase, tendremos una asociación

Umjesto starog buržoaskog društva, s njegovim klasama i klasnim antagonizmima, imat ćemo udruženje

una asociación en la que el libre desarrollo de cada uno sea la condición para el libre desarrollo de todos

udruga u kojoj je slobodan razvoj svakoga uvjet za slobodan razvoj svih

1) Socialismo reaccionario
1) Reakcionarni socijalizam

a) Socialismo feudal
a) Feudalni socijalizam

las aristocracias de Francia e Inglaterra tenían una posición histórica única
aristokracije Francuske i Engleske imale su jedinstven povijesni položaj
se convirtió en su vocación escribir panfletos contra la sociedad burguesa moderna
postao je njihov poziv da pišu pamflete protiv modernog buržoaskog društva
En la Revolución Francesa de julio de 1830 y en la agitación reformista inglesa
U Francuskoj revoluciji u srpnju 1830. i u engleskoj reformskoj agitaciji
Estas aristocracias sucumbieron de nuevo ante el odioso advenedizo
Te su aristokracije ponovno podlegle mrskom početniku
A partir de entonces, una contienda política seria quedó totalmente fuera de discusión
Od tada ozbiljno političko natjecanje nije dolazilo u obzir
Todo lo que quedaba posible era una batalla literaria, no una batalla real
Sve što je ostalo moguće bila je književna bitka, a ne stvarna bitka
Pero incluso en el dominio de la literatura, los viejos gritos del período de la restauración se habían vuelto imposibles
Ali čak i u domeni književnosti stari vapaji iz razdoblja obnove postali su nemogući
Para despertar simpatías, la aristocracia se vio obligada a perder de vista, aparentemente, sus propios intereses
Kako bi pobudila simpatije, aristokracija je bila prisiljena izgubiti iz vida, očito, vlastite interese

y se vieron obligados a formular su acusación contra la burguesía en interés de la clase obrera explotada

i bili su dužni formulirati svoju optužnicu protiv buržoazije u interesu eksploatirane radničke klase

Así, la aristocracia se vengó cantando sátiras a su nuevo amo

Tako se aristokracija osvetila pjevajući rugalice svom novom gospodaru

y se vengaron susurrándole al oído siniestras profecías de catástrofe venidera

i osvetili su se šapućući mu na uho zlokobna proročanstva o nadolazećoj katastrofi

De esta manera surgió el socialismo feudal: mitad lamentación, mitad sátira

Tako je nastao feudalni socijalizam: napola jadikovka, napola podsmijeh

Sonaba como medio eco del pasado y proyectaba mitad amenaza del futuro

odjekivao je kao napola odjek prošlosti i projicirao napola prijetnju budućnosti

a veces, con su crítica amarga, ingeniosa e incisiva, golpeó a la burguesía hasta la médula

ponekad, svojom gorkom, duhovitom i oštrom kritikom, pogodio je buržoaziju do same srži

pero siempre fue ridículo en su efecto, por su total incapacidad para comprender la marcha de la historia moderna

Ali uvijek je bio smiješan u svom učinku, zbog potpune nesposobnosti da se shvati marš moderne povijesti

La aristocracia, con el fin de atraer al pueblo hacia ellos, agitaba la bolsa de limosnas proletaria delante como una bandera

Aristokracija je, kako bi okupila narod za njih, mahala proleterskom vrećom milostinje ispred za zastavu

Pero el pueblo, tan a menudo como se unía a ellos, veía en sus cuartos traseros los antiguos escudos de armas feudales

Ali narod, koji im se često pridruživao, vidio je na stražnjim nogama stare feudalne grbove

y desertaron con carcajadas ruidosas e irreverentes

i dezertirali su uz glasan i bezobzirni smijeh

Un sector de los legitimistas franceses y de la "Joven Inglaterra" exhibió este espectáculo

Jedan dio francuskih legitimista i "Mlade Engleske" izložio je ovaj spektakl

los feudales señalaban que su modo de explotación era diferente al de la burguesía

feudalisti su istaknuli da je njihov način eksploatacije drugačiji od buržoazijskog

Los feudales olvidan que explotaron en circunstancias y condiciones muy diferentes

Feudalisti zaboravljaju da su iskorištavali u okolnostima i uvjetima koji su bili sasvim drugačiji

Y no se dieron cuenta de que tales métodos de explotación ahora son anticuados

i nisu primijetili da su takve metode eksploatacije sada zastarjele

demostraron que, bajo su gobierno, el proletariado moderno nunca existió

pokazali su da pod njihovom vladavinom moderni proletarijat nikada nije postojao

pero olvidan que la burguesía moderna es el vástago necesario de su propia forma de sociedad

ali zaboravljaju da je moderna buržoazija nužan potomak njihovog vlastitog oblika društva

Por lo demás, apenas ocultan el carácter reaccionario de su crítica

Za ostalo, oni teško skrivaju reakcionarni karakter svoje kritike

su principal acusación contra la burguesía es la siguiente

njihova glavna optužba protiv buržoazije iznosi sljedeće

bajo el régimen de la burguesía se está desarrollando una clase social

pod buržoaskim režimom razvija se društvena klasa

Esta clase social está destinada a cortar de raíz el viejo orden de la sociedad

Ovoj društvenoj klasi suđeno je da ukorijeni i razgrana stari društveni poredak

Lo que reprochan a la burguesía no es tanto que cree un proletariado

Ono čime oni vrijeđaju buržoaziju nije toliko da stvara proletarijat

lo que reprochan a la burguesía es más bien que crea un proletariado revolucionario

ono čime oni vrijeđaju buržoaziju je više da stvara revolucionarni proletarijat

En la práctica política, por lo tanto, se unen a todas las medidas coercitivas contra la clase obrera

U političkoj praksi, stoga, oni se pridružuju svim prisilnim mjerama protiv radničke klase

Y en la vida ordinaria, a pesar de sus frases altisonantes, se inclinan a recoger las manzanas de oro que caen del árbol de la industria

i u običnom životu, unatoč svojim uzvišenim frazama, spuštaju se kako bi pokupili zlatne jabuke ispuštene sa stabla industrije

y trocan la verdad, el amor y el honor por el comercio de lana, azúcar de remolacha y aguardiente de patata

i trampe istinu, ljubav i čast za trgovinu vunom, šećerom od cikle i alkoholnim pićima od krumpira

Así como el párroco ha ido siempre de la mano con el terrateniente, así también lo ha hecho el socialismo clerical con el socialismo feudal

Kao što je župnik uvijek išao ruku pod ruku sa zemljoposjednikom, tako je i klerikalni socijalizam s feudalnim socijalizmom

Nada es más fácil que dar al ascetismo cristiano un tinte socialista

Ništa nije lakše nego kršćanskom asketizmu dati socijalističku nijansu

¿No ha declamado el cristianismo contra la propiedad privada, contra el matrimonio, contra el Estado?

Nije li se kršćanstvo proglasilo protiv privatnog vlasništva, protiv braka, protiv države?

¿No ha predicado el cristianismo en lugar de estos, la caridad y la pobreza?

Nije li kršćanstvo propovijedalo umjesto njih, milosrđe i siromaštvo?

¿Acaso el cristianismo no predica el celibato y la mortificación de la carne, la vida monástica y la Madre Iglesia?

Ne propovijeda li kršćanstvo celibat i mrtvljenje tijela, monaški život i Majku Crkvu?

El socialismo cristiano no es más que el agua bendita con la que el sacerdote consagra los ardores del corazón del aristócrata

Kršćanski socijalizam je samo sveta voda kojom svećenik posvećuje goruće srce aristokrata

b) Socialismo pequeñoburgués
b) Maloburžoaski socijalizam

La aristocracia feudal no fue la única clase arruinada por la burguesía
Feudalna aristokracija nije bila jedina klasa koju je uništila buržoazija
no fue la única clase cuyas condiciones de existencia languidecieron y perecieron en la atmósfera de la sociedad burguesa moderna
to nije bila jedina klasa čiji su uvjeti postojanja čeznuli i nestajali u atmosferi modernog buržoaskog društva
Los burgueses medievales y los pequeños propietarios campesinos fueron los precursores de la burguesía moderna
Srednjovjekovni građani i mali seljački vlasnici bili su preteče moderne buržoazije
En los países poco desarrollados, industrial y comercialmente, estas dos clases siguen vegetando una al lado de la otra
U onim zemljama koje su tek malo razvijene, industrijski i komercijalno, ove dvije klase još uvijek vegetiraju jedna uz drugu
y mientras tanto la burguesía se levanta junto a ellos: industrial, comercial y políticamente
a u međuvremenu se buržoazija uzdiže pored njih: industrijski, komercijalno i politički
En los países donde la civilización moderna se ha desarrollado plenamente, se ha formado una nueva clase de pequeña burguesía
U zemljama u kojima je moderna civilizacija postala potpuno razvijena, formirana je nova klasa sitne buržoazije
esta nueva clase social fluctúa entre el proletariado y la burguesía
ova nova društvena klasa oscilira između proletarijata i buržoazije

y siempre se renueva como parte complementaria de la
sociedad burguesa
i uvijek se obnavlja kao dopunski dio buržoaskog društva
Sin embargo, los miembros individuales de esta clase son
constantemente arrojados al proletariado
Pojedini članovi ove klase, međutim, stalno su bačeni u
proletarijat
son absorbidos por el proletariado a través de la acción de la
competencia
Proletarijat ih usisava djelovanjem konkurencije
A medida que la industria moderna se desarrolla, incluso
ven acercarse el momento en que desaparecerán por
completo como sección independiente de la sociedad
moderna
Kako se moderna industrija razvija, oni čak vide da se
približava trenutak kada će potpuno nestati kao neovisan dio
modernog društva
Serán reemplazados, en las manufacturas, la agricultura y el
comercio, por vigilantes, alguaciles y tenderos
Zamijenit će ih, u manufakturama, poljoprivredi i trgovini,
nadzornici, sudski izvršitelji i trgovci
En países como Francia, donde los campesinos constituyen
mucho más de la mitad de la población
U zemljama poput Francuske, gdje seljaci čine daleko više od
polovice stanovništva
era natural que hubiera escritores que se pusieran del lado
del proletariado contra la burguesía
bilo je prirodno da postoje pisci koji su stali na stranu
proletarijata protiv buržoazije
en su crítica al régimen burgués utilizaron el estandarte de la
pequeña burguesía campesina
u svojoj kritici buržoaskog režima koristili su standard seljačke
i sitne buržoazije
Y desde el punto de vista de estas clases intermedias, toman
el garrote de la clase obrera

i sa stajališta ovih srednjih klasa oni preuzimaju batine za
radničku klasu
**Así surgió el socialismo pequeñoburgués, del que Sismondi
era el jefe de esta escuela, no sólo en Francia, sino también
en Inglaterra**
Tako je nastao maloburžoaski socijalizam, čiji je Sismondi bio
na čelu ove škole, ne samo u Francuskoj nego i u Engleskoj
**Esta escuela del socialismo diseccionó con gran agudeza las
contradicciones de las condiciones de producción moderna**
Ova škola socijalizma s velikom je oštrinom secirala
proturječja u uvjetima moderne proizvodnje
**Esta escuela puso al descubierto las apologías hipócritas de
los economistas**
Ova je škola razotkrila licemjerne isprike ekonomista
**Esta escuela demostró, incontrovertiblemente, los efectos
desastrosos de la maquinaria y de la división del trabajo**
Ova je škola dokazala, nepobitno, katastrofalne učinke
strojeva i podjele rada
**Probó la concentración del capital y de la tierra en pocas
manos**
dokazao je koncentraciju kapitala i zemlje u nekoliko ruku
**demostró cómo la sobreproducción conduce a las crisis de la
burguesía**
dokazao je kako prekomjerna proizvodnja dovodi do
buržoaske krize
**señalaba la ruina inevitable de la pequeña burguesía y del
campesino**
ukazao je na neizbježnu propast sitne buržoazije i seljaka
**la miseria del proletariado, la anarquía en la producción, las
desigualdades flagrantes en la distribución de la riqueza**
bijeda proletarijata, anarhija u proizvodnji, nejednakosti u
raspodjeli bogatstva
**Mostró cómo el sistema de producción lidera la guerra
industrial de exterminio entre naciones**
Pokazao je kako sustav proizvodnje vodi industrijski rat
istrebljenja među narodima

la disolución de los viejos lazos morales, de las viejas relaciones familiares, de las viejas nacionalidades

raspad starih moralnih veza, starih obiteljskih odnosa, starih nacionalnosti

Sin embargo, en sus objetivos positivos, esta forma de socialismo aspira a lograr una de dos cosas

U svojim pozitivnim ciljevima, međutim, ovaj oblik socijalizma teži postizanju jedne od dvije stvari

o bien pretende restaurar los antiguos medios de producción y de intercambio

ili ima za cilj obnoviti stara sredstva proizvodnje i razmjene

y con los viejos medios de producción restauraría las viejas relaciones de propiedad y la vieja sociedad

i sa starim sredstvima za proizvodnju obnovio bi stare vlasničke odnose, i staro društvo

o pretende apretar los medios modernos de producción e intercambio en el viejo marco de las relaciones de propiedad

ili ima za cilj stisnuti suvremena sredstva proizvodnje i razmjene u stari okvir vlasničkih odnosa

En cualquier caso, es a la vez reaccionario y utópico

U oba slučaja, ona je i reakcionarna i utopijska

Sus últimas palabras son: gremios corporativos para la manufactura, relaciones patriarcales en la agricultura

Njegove posljednje riječi su: korporativni cehovi za manufakturu, patrijarhalni odnosi u poljoprivredi

En última instancia, cuando los obstinados hechos históricos habían dispersado todos los efectos embriagadores del autoengaño

U konačnici, kada su tvrdoglave povijesne činjenice raspršile sve opojne učinke samoobmane

esta forma de socialismo terminó en un miserable ataque de lástima

ovaj oblik socijalizma završio je bijednim napadom sažaljenja

c) Socialismo alemán o "verdadero"
c) njemački ili "pravi" socijalizam

La literatura socialista y comunista de Francia se originó bajo la presión de una burguesía en el poder
Socijalistička i komunistička književnost Francuske nastala je pod pritiskom buržoazije na vlasti
Y esta literatura era la expresión de la lucha contra este poder
a ova je literatura bila izraz borbe protiv te sile
se introdujo en Alemania en un momento en que la burguesía acababa de comenzar su lucha contra el absolutismo feudal
uvedena je u Njemačku u vrijeme kada je buržoazija tek započela svoje natjecanje s feudalnim apsolutizmom
Los filósofos alemanes, los aspirantes a filósofos y los beaux esprits, se apoderaron con avidez de esta literatura
Njemački filozofi, potencijalni filozofi i lijepi duhovi, željno su se uhvatili ove literature
pero olvidaron que los escritos emigraron de Francia a Alemania sin traer consigo las condiciones sociales francesas
ali su zaboravili da su spisi emigrirali iz Francuske u Njemačku, a da nisu donijeli francuske društvene uvjete
En contacto con las condiciones sociales alemanas, esta literatura francesa perdió toda su significación práctica inmediata
U dodiru s njemačkim društvenim prilikama, ova francuska književnost izgubila je sav svoj neposredni praktični značaj
y la literatura comunista de Francia asumió un aspecto puramente literario en los círculos académicos alemanes
a komunistička književnost Francuske poprimila je čisto književni aspekt u njemačkim akademskim krugovima
Así, las exigencias de la primera Revolución Francesa no eran más que las exigencias de la "Razón Práctica"
Dakle, zahtjevi prve Francuske revolucije nisu bili ništa drugo nego zahtjevi "praktičnog razuma"

y la expresión de la voluntad de la burguesía revolucionaria francesa significaba a sus ojos la ley de la voluntad pura

a izricanje volje revolucionarne francuske buržoazije označavalo je u njihovim očima zakon čiste volje

significaba la Voluntad tal como estaba destinada a ser; de la verdadera Voluntad humana en general

označavala je volju kakva je morala biti; istinske ljudske volje općenito

El mundo de los literatos alemanes consistía únicamente en armonizar las nuevas ideas francesas con su antigua conciencia filosófica

Svijet njemačkih književnika sastojao se isključivo u usklađivanju novih francuskih ideja s njihovom drevnom filozofskom sviješću

o mejor dicho, se anexionaron las ideas francesas sin abandonar su propio punto de vista filosófico

ili bolje rečeno, anektirali su francuske ideje bez napuštanja vlastitog filozofskog gledišta

Esta anexión se llevó a cabo de la misma manera en que se apropia una lengua extranjera, es decir, por traducción

To je pripajanje izvršeno na isti način na koji se prisvaja strani jezik, odnosno prijevodom

Es bien sabido cómo los monjes escribieron vidas tontas de santos católicos sobre manuscritos

Dobro je poznato kako su redovnici preko rukopisa pisali glupe živote katoličkih svetaca

los manuscritos sobre los que se habían escrito las obras clásicas del antiguo paganismo

rukopisi na kojima su napisana klasična djela drevnog poganstva

Los literatos alemanes invirtieron este proceso con la literatura profana francesa

Njemački književnici preokrenuli su ovaj proces s profanom francuskom književnošću

Escribieron sus tonterías filosóficas bajo el original francés

Svoje filozofske gluposti napisali su ispod francuskog
originala

**Por ejemplo, debajo de la crítica francesa a las funciones
económicas del dinero, escribieron "Alienación de la
humanidad"**

Na primjer, ispod francuske kritike ekonomskih funkcija
novca, napisali su "Otuđenje čovječanstva"

**debajo de la crítica francesa al Estado burgués escribieron
"destronamiento de la categoría de general"**

ispod francuske kritike buržoaske države napisali su
"svrgavanje kategorije generala"

**La introducción de estas frases filosóficas en el reverso de
las críticas históricas francesas las denominó:**

Uvođenje ovih filozofskih fraza na poleđini francuske
povijesne kritike nazvali su:

**"Filosofía de la acción", "Socialismo verdadero", "Ciencia
alemana del socialismo", "Fundamentos filosóficos del
socialismo", etc**

"Filozofija djelovanja", "Istinski socijalizam", "Njemačka
znanost o socijalizmu", "Filozofski temelj socijalizma" i tako
dalje

**De este modo, la literatura socialista y comunista francesa
quedó completamente castrada**

Francuska socijalistička i komunistička književnost tako je
potpuno kastrirana

**en manos de los filósofos alemanes dejó de expresar la lucha
de una clase con la otra**

u rukama njemačkih filozofa prestala je izražavati borbu jedne
klase s drugom

**y así los filósofos alemanes se sintieron conscientes de haber
superado la "unilateralidad francesa"**

i tako su njemački filozofi bili svjesni da su prevladali
"francusku jednostranost"

**no tenía que representar requisitos verdaderos, sino que
representaba requisitos de verdad**

nije morao predstavljati istinske zahtjeve, već je predstavljao zahtjeve istine

no había interés en el proletariado, más bien, había interés en la Naturaleza Humana

nije bilo interesa za proletarijat, već je postojao interes za ljudsku prirodu

el interés estaba en el Hombre en general, que no pertenece a ninguna clase y no tiene realidad

interes je bio za čovjeka općenito, koji ne pripada nijednoj klasi i nema stvarnost

Un hombre que sólo existe en el brumoso reino de la fantasía filosófica

čovjek koji postoji samo u maglovitom carstvu filozofske fantazije

pero con el tiempo este colegial socialismo alemán también perdió su inocencia pedante

ali na kraju je i ovaj školski njemački socijalizam izgubio svoju pedantnu nevinost

la burguesía alemana, y especialmente la burguesía prusiana, lucharon contra la aristocracia feudal

njemačka buržoazija, a posebno pruska buržoazija borila se protiv feudalne aristokracije

la monarquía absoluta de Alemania y Prusia también estaba siendo combatida

apsolutna monarhija Njemačke i Pruske također je bila protiv

Y a su vez, la literatura del movimiento liberal también se hizo más seria

A zauzvrat, književnost liberalnog pokreta također je postala ozbiljnija

Se le ofreció a Alemania la tan deseada oportunidad del "verdadero" socialismo

Ponuđena je dugo željena prilika Njemačke za "pravi" socijalizam

la oportunidad de confrontar al movimiento político con las reivindicaciones socialistas

mogućnost suočavanja političkog pokreta sa socijalističkim zahtjevima

la oportunidad de lanzar los anatemas tradicionales contra el liberalismo

Prilika da se bace tradicionalne anateme protiv liberalizma

la oportunidad de atacar al gobierno representativo y a la competencia burguesa

prilika za napad na predstavničku vladu i buržoasku konkurenciju

Libertad de prensa burguesa, Legislación burguesa, Libertad e igualdad burguesa

Buržoaska sloboda tiska, buržoasko zakonodavstvo, buržoaska sloboda i jednakost

Todo esto ahora podría ser criticado en el mundo real, en lugar de en la fantasía

sve bi se to sada moglo kritizirati u stvarnom svijetu, a ne u fantaziji

La aristocracia feudal y la monarquía absoluta habían predicado durante mucho tiempo a las masas

Feudalna aristokracija i apsolutna monarhija dugo su propovijedale masama

"El obrero no tiene nada que perder y tiene todo que ganar"

"Radni čovjek nema što izgubiti, a ima sve za dobiti"

el movimiento burgués también ofrecía la oportunidad de hacer frente a estos tópicos

buržoaski pokret također je ponudio priliku da se suoči s tim floskulama

la crítica francesa presuponía la existencia de la sociedad burguesa moderna

francuska kritika pretpostavljala je postojanje modernog buržoaskog društva

Las condiciones económicas de existencia de la burguesía y la constitución política de la burguesía

Buržoaski ekonomski uvjeti postojanja i buržoaski politički ustav

las mismas cosas cuya consecución era el objeto de la lucha pendiente en Alemania

upravo one stvari čije je postignuće bilo predmet nadolazeće borbe u Njemačkoj

El estúpido eco del socialismo alemán abandonó estos objetivos justo a tiempo

Njemački glupi odjek socijalizma napustio je ove ciljeve u pravo vrijeme

Los gobiernos absolutos tenían sus seguidores de párrocos, profesores, escuderos y funcionarios

Apsolutne vlade imale su svoje sljedbenike župnike, profesore, seoske štitonoše i dužnosnike

el gobierno de la época se enfrentó a los levantamientos de la clase obrera alemana con azotes y balas

tadašnja vlada dočekala je njemačke radničke ustanke bičevanjem i mecima

para ellos este socialismo servía de espantapájaros contra la burguesía amenazadora

za njih je ovaj socijalizam služio kao dobrodošlo strašilo protiv prijeteće buržoazije

y el gobierno alemán pudo ofrecer un postre dulce después de las píldoras amargas que repartió

a njemačka vlada mogla je ponuditi slatki desert nakon gorkih tableta koje je podijelila

este "verdadero" socialismo servía así a los gobiernos como arma para combatir a la burguesía alemana

ovaj "pravi" socijalizam je tako služio vladama kao oružje u borbi protiv njemačke buržoazije

y, al mismo tiempo, representaba directamente un interés reaccionario; la de los filisteos alemanes

i, u isto vrijeme, izravno je predstavljala reakcionarni interes; onaj njemačkih Filistejaca

En Alemania, la pequeña burguesía es la verdadera base social del actual estado de cosas

U Njemačkoj je sitna buržoaska klasa stvarna društvena osnova postojećeg stanja stvari

Una reliquia del siglo XVI que ha ido surgiendo constantemente bajo diversas formas

relikvija šesnaestog stoljeća koja se neprestano pojavljuje u različitim oblicima

Preservar esta clase es preservar el estado de cosas existente en Alemania

Očuvati ovu klasu znači očuvati postojeće stanje stvari u Njemačkoj

La supremacía industrial y política de la burguesía amenaza a la pequeña burguesía con una destrucción segura

Industrijska i politička nadmoć buržoazije prijeti sitnoj buržoaziji sigurnom destrukcijom

por un lado, amenaza con destruir a la pequeña burguesía a través de la concentración del capital

s jedne strane, prijeti da će uništiti sitnu buržoaziju kroz koncentraciju kapitala

por otra parte, la burguesía amenaza con destruirla mediante el ascenso de un proletariado revolucionario

s druge strane, buržoazija prijeti da će je uništiti usponom revolucionarnog proletarijata

El "verdadero" socialismo parecía matar estos dos pájaros de un tiro. Se extendió como una epidemia

Činilo se da je "pravi" socijalizam ubio ove dvije muhe jednim udarcem. Proširio se poput epidemije

El manto de telarañas especulativas, bordado con flores de retórica, empapado en el rocío de un sentimiento enfermizo

Ogrtač od spekulativne paučine, izvezeni cvijećem retorike, natopljen rosom bolesnog osjećaja

esta túnica trascendental en la que los socialistas alemanes envolvían sus tristes "verdades eternas"

ovu transcendentalnu haljinu u koju su njemački socijalisti umotali svoje žalosne "vječne istine"

toda la piel y los huesos, sirvieron para aumentar maravillosamente la venta de sus productos entre un público tan

sve kože i kostiju, poslužile su za čudesno povećanje prodaje njihove robe među takvom javnošću

Y por su parte, el socialismo alemán reconocía, cada vez más, su propia vocación

A sa svoje strane, njemački socijalizam je sve više i više priznavao svoj vlastiti poziv

estaba llamado a ser el grandilocuente representante de la pequeña burguesía filistea

nazvan je bombastičnim predstavnikom maloburžoaskog Filistejca

Proclamaba que la nación alemana era la nación modelo, y que el pequeño filisteo alemán era el hombre modelo

Proglasio je njemački narod uzornim narodom, a njemački sitni Filistejac uzornim čovjekom

A cada maldad malvada de este hombre modelo le daba una interpretación socialista oculta y superior

Svakoj zlobnoj podlosti ovog uzornog čovjeka davala je skriveno, više, socijalističko tumačenje

esta interpretación socialista superior era exactamente lo contrario de su carácter real

ovo više, socijalističko tumačenje bilo je upravo suprotno njegovom stvarnom karakteru

Llegó al extremo de oponerse directamente a la tendencia "brutalmente destructiva" del comunismo

Otišao je do krajnjih granica da se izravno suprotstavi "brutalno destruktivnoj" tendenciji komunizma

y proclamó su supremo e imparcial desprecio de todas las luchas de clases

i proglasio je svoj vrhovni i nepristrani prezir prema svim klasnim borbama

Con muy pocas excepciones, todas las publicaciones llamadas socialistas y comunistas que ahora (1847) circulan en Alemania pertenecen al dominio de esta literatura sucia y enervante

Uz vrlo malo iznimaka, sve takozvane socijalističke i komunističke publikacije koje sada (1847.) kruže u Njemačkoj pripadaju domeni ove prljave i iscrpljujuće literature

2) Socialismo conservador o socialismo burgués
2) Konzervativni socijalizam ili buržoaski socijalizam

Una parte de la burguesía está deseosa de reparar los agravios sociales
Dio buržoazije želi ispraviti društvene pritužbe
con el fin de asegurar la continuidad de la sociedad burguesa
kako bi se osiguralo daljnje postojanje buržoaskog društva
A esta sección pertenecen economistas, filántropos, humanistas
U ovaj odjeljak spadaju ekonomisti, filantropi, humanitarci
mejoradores de la condición de la clase obrera y organizadores de la caridad
poboljšivači stanja radničke klase i organizatori dobrotvornih radnji
Miembros de las Sociedades para la Prevención de la Crueldad contra los Animales
članovi društava za sprječavanje okrutnosti prema životinjama
fanáticos de la templanza, reformadores de todo tipo imaginable
fanatici umjerenosti, reformatori rupa i uglova svih zamislivih vrsta
Esta forma de socialismo, además, ha sido elaborada en sistemas completos
Ovaj oblik socijalizma je, štoviše, razrađen u potpune sustave
Podemos citar la "Philosophie de la Misère" de Proudhon como ejemplo de esta forma
Možemo navesti Proudhonovu "Philosophie de la Misère" kao primjer ove forme
La burguesía socialista quiere todas las ventajas de las condiciones sociales modernas
Socijalistička buržoazija želi sve prednosti modernih društvenih uvjeta
pero la burguesía socialista no quiere necesariamente las luchas y los peligros resultantes

ali socijalistička buržoazija ne želi nužno posljedične borbe i opasnosti

Desean el estado actual de la sociedad, menos sus elementos revolucionarios y desintegradores

Oni žele postojeće stanje društva, bez njegovih revolucionarnih i dezintegrirajućih elemenata

en otras palabras, desean una burguesía sin proletariado

drugim riječima, oni žele buržoaziju bez proletarijata

La burguesía concibe naturalmente el mundo en el que es supremo ser el mejor

Buržoazija prirodno shvaća svijet u kojem je vrhovno biti najbolji

y el socialismo burgués desarrolla esta cómoda concepción en varios sistemas más o menos completos

a buržoaski socijalizam razvija ovu ugodnu koncepciju u različite više ili manje cjelovite sustave

les gustaría mucho que el proletariado marchara directamente hacia la Nueva Jerusalén social

oni bi jako voljeli da proletarijat odmah umaršira u socijalni Novi Jeruzalem

pero en realidad requiere que el proletariado permanezca dentro de los límites de la sociedad existente

ali u stvarnosti zahtijeva od proletarijata da ostane unutar granica postojećeg društva

piden al proletariado que abandone todas sus ideas odiosas sobre la burguesía

oni traže od proletarijata da odbaci sve njihove mrske ideje o buržoaziji

hay una segunda forma más práctica, pero menos sistemática, de este socialismo

postoji drugi praktičniji, ali manje sustavni oblik ovog socijalizma

Esta forma de socialismo buscaba despreciar todo movimiento revolucionario a los ojos de la clase obrera

Ovaj oblik socijalizma nastojao je obezvrijediti svaki revolucionarni pokret u očima radničke klase

Argumentan que ninguna mera reforma política podría ser ventajosa para ellos
Oni tvrde da im nikakva politička reforma ne bi mogla biti od koristi

Sólo un cambio en las condiciones materiales de existencia en las relaciones económicas es beneficioso
koristi samo promjena materijalnih uvjeta postojanja u ekonomskim odnosima

Al igual que el comunismo, esta forma de socialismo aboga por un cambio en las condiciones materiales de existencia
Poput komunizma, ovaj oblik socijalizma zagovara promjenu materijalnih uvjeta postojanja

sin embargo, esta forma de socialismo no sugiere en modo alguno la abolición de las relaciones de producción burguesas
međutim, ovaj oblik socijalizma nikako ne sugerira ukidanje buržoaskih proizvodnih odnosa

la abolición de las relaciones de producción burguesas sólo puede lograrse mediante una revolución
ukidanje buržoaskih odnosa proizvodnje može se postići samo revolucijom

Pero en lugar de una revolución, esta forma de socialismo sugiere reformas administrativas
Ali umjesto revolucije, ovaj oblik socijalizma predlaže administrativne reforme

y estas reformas administrativas se basarían en la continuidad de estas relaciones
a te administrativne reforme temeljile bi se na daljnjem postojanju tih odnosa

reformas, por lo tanto, que no afectan en ningún aspecto a las relaciones entre el capital y el trabajo
reforme, dakle, koje ni u kojem pogledu ne utječu na odnose između kapitala i rada

en el mejor de los casos, tales reformas disminuyen el costo y simplifican el trabajo administrativo del gobierno burgués

u najboljem slučaju, takve reforme smanjuju troškove i pojednostavljuju administrativni rad buržoaske vlade

El socialismo burgués alcanza una expresión adecuada cuando, y sólo cuando, se convierte en una mera figura retórica

Buržoaski socijalizam postiže adekvatan izraz, kada i samo kada postane puka figura govora

Libre comercio: en beneficio de la clase obrera

Slobodna trgovina: u korist radničke klase

Deberes protectores: en beneficio de la clase obrera

Zaštitne dužnosti: u korist radničke klase

Reforma Penitenciaria: en beneficio de la clase trabajadora

Zatvorska reforma: za dobrobit radničke klase

Esta es la última palabra y la única palabra seria del socialismo burgués

Ovo je posljednja riječ i jedina ozbiljno zamišljena riječ buržoaskog socijalizma

Se resume en la frase: la burguesía es una burguesía en beneficio de la clase obrera

Sažeto je u frazi: buržoazija je buržoazija u korist radničke klase

3) Socialismo crítico-utópico y comunismo
3) Kritičko-utopijski socijalizam i komunizam

No nos referimos aquí a esa literatura que siempre ha dado voz a las reivindicaciones del proletariado
Ovdje se ne pozivamo na onu literaturu koja je uvijek davala glas zahtjevima proletarijata

esto ha estado presente en todas las grandes revoluciones modernas, como los escritos de Babeuf y otros
to je bilo prisutno u svakoj velikoj modernoj revoluciji, kao što su spisi Babeufa i drugih

Las primeras tentativas directas del proletariado para alcanzar sus propios fines fracasaron necesariamente
Prvi izravni pokušaji proletarijata da postigne svoje ciljeve nužno su propali.

Estos intentos se hicieron en tiempos de excitación universal, cuando la sociedad feudal estaba siendo derrocada
Ti su pokušaji učinjeni u vrijeme sveopćeg uzbuđenja, kada je feudalno društvo bilo svrgavanje

El entonces subdesarrollado del proletariado llevó a que fracasaran esos intentos
tada nerazvijeno stanje proletarijata dovelo je do toga da ti pokušaji nisu uspjeli

y fracasaron por la ausencia de las condiciones económicas para su emancipación
i nisu uspjeli zbog nepostojanja ekonomskih uvjeta za njegovu emancipaciju

condiciones que aún no se habían producido, y que sólo podían ser producidas por la inminente época de la burguesía
uvjeti koji su tek trebali biti proizvedeni, a mogli bi biti proizvedeni samo nadolazećom buržoaskom epohom

La literatura revolucionaria que acompañó a estos primeros movimientos del proletariado tuvo necesariamente un carácter reaccionario

Revolucionarna literatura koja je pratila ove prve pokrete
proletarijata nužno je imala reakcionarni karakter

**Esta literatura inculcó el ascetismo universal y la nivelación
social en su forma más cruda**

Ova je literatura usađivala univerzalni asketizam i društveno
izjednačavanje u svom najgrubljem obliku

**Los sistemas socialista y comunista, propiamente dichos,
surgen en el período temprano no desarrollado**

Socijalistički i komunistički sustavi, u pravom smislu zvani,
nastali su u ranom nerazvijenom razdoblju

**Saint-Simon, Fourier, Owen y otros, describieron la lucha
entre el proletariado y la burguesía (ver sección 1)**

Saint-Simon, Fourier, Owen i drugi opisali su borbu između
proletarijata i buržoazije (vidi odjeljak 1)

**Los fundadores de estos sistemas ven, en efecto, los
antagonismos de clase**

Utemeljitelji ovih sustava doista vide klasne antagonizme

**también ven la acción de los elementos en descomposición,
en la forma predominante de la sociedad**

oni također vide djelovanje elemenata koji se raspadaju, u
prevladavajućem obliku društva

**Pero el proletariado, todavía en su infancia, les ofrece el
espectáculo de una clase sin ninguna iniciativa histórica**

Ali proletarijat im još uvijek u povojima nudi spektakl klase
bez ikakve povijesne inicijative

**Ven el espectáculo de una clase social sin ningún
movimiento político independiente**

oni vide spektakl društvene klase bez ikakvog neovisnog
političkog pokreta

**El desarrollo del antagonismo de clase sigue el mismo ritmo
que el desarrollo de la industria**

Razvoj klasnog antagonizma ide ujednačeno s razvojem
industrije

**De modo que la situación económica no les ofrece todavía
las condiciones materiales para la emancipación del
proletariado**

Dakle, ekonomska situacija im još uvijek ne nudi materijalne uvjete za emancipaciju proletarijata

Por lo tanto, buscan una nueva ciencia social, nuevas leyes sociales, que creen estas condiciones

Oni stoga traže novu društvenu znanost, nove društvene zakone, koji će stvoriti te uvjete

acción histórica es ceder a su acción inventiva personal

povijesno djelovanje je popuštanje njihovom osobnom inventivnom djelovanju

Las condiciones de emancipación creadas históricamente han de ceder ante condiciones fantásticas

povijesno stvoreni uvjeti emancipacije trebaju se prepustiti fantastičnim uvjetima

y la organización gradual y espontánea de clase del proletariado debe ceder ante la organización de la sociedad

a postupna, spontana klasna organizacija proletarijata treba popustiti organizaciji društva

la organización de la sociedad especialmente ideada por estos inventores

organizacija društva koju su posebno izmislili ovi izumitelji

La historia futura se resuelve, a sus ojos, en la propaganda y en la realización práctica de sus planes sociales

Buduća povijest se u njihovim očima razrješava u propagandi i praktičnom provođenju njihovih društvenih planova

En la formación de sus planes son conscientes de preocuparse principalmente por los intereses de la clase obrera

U oblikovanju svojih planova svjesni su da se uglavnom brinu za interese radničke klase

Sólo desde el punto de vista de ser la clase más sufriente existe el proletariado para ellos

Samo sa stanovišta da su klasa koja najviše pati, proletarijat postoji za njih

El estado subdesarrollado de la lucha de clases y su propio entorno informan sus opiniones

Nerazvijeno stanje klasne borbe i vlastita okolina oblikuju njihova mišljenja

Los socialistas de este tipo se consideran muy superiores a todos los antagonismos de clase

Socijalisti ove vrste smatraju se daleko superiornijima od svih klasnih antagonizama

Quieren mejorar la condición de todos los miembros de la sociedad, incluso la de los más favorecidos

Oni žele poboljšati stanje svakog člana društva, čak i onog najpovlaštenijeg

De ahí que habitualmente atraigan a la sociedad en general, sin distinción de clase

Stoga se obično obraćaju društvu u cjelini, bez razlike u klasi

Es más, apelan a la sociedad en general con preferencia a la clase dominante

štoviše, oni se obraćaju društvu u cjelini preferirajući vladajuću klasu

Para ellos, todo lo que se requiere es que los demás entiendan su sistema

Njima je potrebno samo da drugi razumiju njihov sustav

Porque, ¿cómo puede la gente no ver que el mejor plan posible es para el mejor estado posible de la sociedad?

Jer kako ljudi mogu ne vidjeti da je najbolji mogući plan za najbolje moguće stanje društva?

Por lo tanto, rechazan toda acción política, y especialmente toda acción revolucionaria

Stoga odbacuju svaku političku, a posebno svaku revolucionarnu akciju

desean alcanzar sus fines por medios pacíficos

oni žele postići svoje ciljeve mirnim putem

se esfuerzan, mediante pequeños experimentos, que están necesariamente condenados al fracaso

oni nastoje malim eksperimentima koji su nužno osuđeni na neuspjeh

y con la fuerza del ejemplo tratan de abrir el camino al nuevo Evangelio social

i snagom primjera nastoje utrti put novom socijalnom evanđelju

Cuadros tan fantásticos de la sociedad futura, pintados en un momento en que el proletariado se encuentra todavía en un estado muy subdesarrollado

Takve fantastične slike budućeg društva, naslikane u vrijeme kada je proletarijat još uvijek u vrlo nerazvijenom stanju

y todavía no tiene más que una concepción fantástica de su propia posición

i još uvijek ima samo fantastičnu koncepciju vlastitog položaja

pero sus primeros anhelos instintivos corresponden a los anhelos del proletariado

Ali njihove prve instinktivne čežnje odgovaraju čežnjama proletarijata

Ambos anhelan una reconstrucción general de la sociedad

Oboje čeznu za općom rekonstrukcijom društva

Pero estas publicaciones socialistas y comunistas también contienen un elemento crítico

Ali ove socijalističke i komunističke publikacije također sadrže kritički element

Atacan todos los principios de la sociedad existente

Oni napadaju svaki princip postojećeg društva

De ahí que estén llenos de los materiales más valiosos para la ilustración de la clase obrera

Stoga su puni najvrjednijih materijala za prosvjetljenje radničke klase

Proponen la abolición de la distinción entre la ciudad y el campo, y la familia

predlažu ukidanje razlike između grada i sela, a obitelj

la supresión de la explotación de industrias por cuenta de los particulares

ukidanje obavljanja djelatnosti za račun privatnih osoba

y la abolición del sistema salarial y la proclamación de la armonía social

i ukidanje sustava plaća i proglašenje društvenog sklada

la conversión de las funciones del Estado en una mera
superintendencia de la producción
pretvaranje funkcija države u puki nadzor nad proizvodnjom
Todas estas propuestas, apuntan únicamente a la
desaparición de los antagonismos de clase
Svi ovi prijedlozi ukazuju isključivo na nestanak klasnih
antagonizama
Los antagonismos de clase estaban, en ese momento, apenas
surgiendo
klasni antagonizmi su se u to vrijeme tek pojavljivali
En estas publicaciones estos antagonismos de clase se
reconocen sólo en sus formas más tempranas, indistintas e
indefinidas
U ovim publikacijama ti su klasni antagonizmi prepoznati
samo u svojim najranijim, nejasnim i nedefiniranim oblicima
Estas propuestas, por lo tanto, son de carácter puramente
utópico
Ti su prijedlozi, dakle, čisto utopijskog karaktera
La importancia del socialismo crítico-utópico y del
comunismo guarda una relación inversa con el desarrollo
histórico
Značaj kritičko-utopijskog socijalizma i komunizma ima
obrnuti odnos s povijesnim razvojem
La lucha de clases moderna se desarrollará y continuará
tomando forma definitiva
Moderna klasna borba će se razvijati i nastaviti poprimati
određeni oblik
Esta fantástica posición del concurso perderá todo valor
práctico
Ovaj fantastičan status s natječaja izgubit će svu praktičnu
vrijednost
Estos fantásticos ataques a los antagonismos de clase
perderán toda justificación teórica
Ovi fantastični napadi na klasne antagonizme izgubit će svako
teoretsko opravdanje

Los creadores de estos sistemas fueron, en muchos aspectos, revolucionarios

Začetnici ovih sustava bili su, u mnogim aspektima, revolucionarni

pero sus discípulos han formado, en todos los casos, meras sectas reaccionarias

ali njihovi su učenici, u svakom slučaju, formirali puke reakcionarne sekte

Se aferran firmemente a los puntos de vista originales de sus amos

Čvrsto se drže izvornih pogleda svojih gospodara

Pero estos puntos de vista se oponen al desarrollo histórico progresivo del proletariado

Ali ti su pogledi u suprotnosti s progresivnim povijesnim razvojem proletarijata

Por lo tanto, se esfuerzan, y eso de manera consecuente, por amortiguar la lucha de clases

Oni, stoga, nastoje, i to dosljedno, umrtviti klasnu borbu

y se esfuerzan constantemente por reconciliar los antagonismos de clase

i dosljedno nastoje pomiriti klasne antagonizme

Todavía sueñan con la realización experimental de sus utopías sociales

Još uvijek sanjaju o eksperimentalnoj realizaciji svojih društvenih utopija

todavía sueñan con fundar "falansterios" aislados y establecer "colonias domésticas"

još uvijek sanjaju o osnivanju izoliranih "falanstera" i osnivanja "matičnih kolonija"

sueñan con establecer una "Pequeña Icaria": ediciones duodécimas de la Nueva Jerusalén

sanjaju o osnivanju "Male Ikarije" – duodecimo izdanja Novog Jeruzalema

y sueñan con realizar todos estos castillos en el aire

i sanjaju da ostvare sve te dvorce u zraku

se ven obligados a apelar a los sentimientos y a las carteras
de los burgueses

oni su prisiljeni apelirati na osjećaje i torbe buržoazije

Poco a poco se hunden en la categoría de los socialistas
conservadores reaccionarios descritos anteriormente

Postupno tonu u kategoriju reakcionarnih konzervativnih
socijalista prikazanih gore

sólo se diferencian de ellos por una pedantería más
sistemática

od njih se razlikuju samo sustavnijom pedantnošću

y se diferencian por su creencia fanática y supersticiosa en
los efectos milagrosos de su ciencia social

i razlikuju se po svom fanatičnom i praznovjernom vjerovanju
u čudesne učinke svoje društvene znanosti

Por lo tanto, se oponen violentamente a toda acción política
por parte de la clase obrera

Oni se, stoga, nasilno protive svakom političkom djelovanju
radničke klase

tal acción, según ellos, sólo puede ser el resultado de una
ciega incredulidad en el nuevo Evangelio

takvo djelovanje, prema njima, može proizaći samo iz slijepe
nevjere u novo Evanđelje

Los owenistas en Inglaterra y los fourieristas en Francia,
respectivamente, se oponen a los cartistas y a los reformistas

Oweniti u Engleskoj, a Fourieristi u Francuskoj, protive se
chartistima i "Réformistesima"

Posición de los comunistas en relación con los diversos partidos de oposición existentes
Položaj komunista u odnosu na različite postojeće suprotstavljene stranke

La sección II ha dejado claras las relaciones de los comunistas con los partidos obreros existentes
Odjeljak II razjasnio je odnose komunista s postojećim strankama radničke klase
como los cartistas en Inglaterra y los reformadores agrarios en América
kao što su chartisti u Engleskoj i agrarni reformatori u Americi
Los comunistas luchan por el logro de los objetivos inmediatos
Komunisti se bore za postizanje neposrednih ciljeva
Luchan por la imposición de los intereses momentáneos de la clase obrera
oni se bore za provedbu trenutnih interesa radničke klase
Pero en el movimiento político del presente, también representan y cuidan el futuro de ese movimiento
Ali u političkom pokretu sadašnjosti, oni također predstavljaju i brinu se o budućnosti tog pokreta
En Francia, los comunistas se alían con los socialdemócratas
U Francuskoj su se komunisti udružili sa socijaldemokratima
y se posicionan contra la burguesía conservadora y radical
i oni se pozicioniraju protiv konzervativne i radikalne buržoazije
sin embargo, se reservan el derecho de tomar una posición crítica respecto de las frases e ilusiones tradicionalmente transmitidas desde la gran Revolución
međutim, oni zadržavaju pravo da zauzmu kritičko stajalište u vezi s frazama i iluzijama koje su se tradicionalno prenosile iz velike revolucije
En Suiza apoyan a los radicales, sin perder de vista que este partido está formado por elementos antagónicos

U Švicarskoj podržavaju radikale, ne gubeći iz vida činjenicu da se ta stranka sastoji od antagonističkih elemenata

en parte de los socialistas demócraticos, en el sentido francés, en parte de la burguesía radical

dijelom demokratskih socijalista, u francuskom smislu, dijelom radikalne buržoazije

En Polonia apoyan al partido que insiste en la revolución agraria como condición primordial para la emancipación nacional

U Poljskoj podržavaju stranku koja inzistira na agrarnoj revoluciji kao glavnom uvjetu za nacionalnu emancipaciju

el partido que fomentó la insurrección de Cracovia en 1846

ona stranka koja je potaknula pobunu u Krakovu 1846. godine

En Alemania luchan con la burguesía cada vez que ésta actúa de manera revolucionaria

U Njemačkoj se bore s buržoazijom kad god ona djeluje na revolucionaran način

contra la monarquía absoluta, la nobleza feudal y la pequeña burguesía

protiv apsolutne monarhije, feudalne vjeverice i sitne buržoazije

Pero no cesan, ni por un solo instante, de inculcar en la clase obrera una idea particular

Ali oni nikada ne prestaju, ni na trenutak, usaditi u radničku klasu jednu određenu ideju

el reconocimiento más claro posible del antagonismo hostil entre la burguesía y el proletariado

najjasnije moguće priznanje neprijateljskog antagonizma između buržoazije i proletarijata

para que los obreros alemanes puedan utilizar inmediatamente las armas de que disponen

kako bi njemački radnici mogli odmah upotrijebiti oružje koje im je na raspolaganju

las condiciones sociales y políticas que la burguesía debe introducir necesariamente junto con su supremacía

društvene i političke uvjete koje buržoazija nužno mora uvesti
zajedno sa svojom nadmoći
la caída de las clases reaccionarias en Alemania es inevitable
pad reakcionarnih klasa u Njemačkoj je neizbježan
y entonces la lucha contra la burguesía misma puede
comenzar inmediatamente
i tada bi borba protiv same buržoazije mogla odmah započeti
Los comunistas dirigen su atención principalmente a
Alemania, porque este país está en vísperas de una
revolución burguesa
Komunisti svoju pažnju uglavnom usmjeravaju na Njemačku,
jer je ta zemlja uoči buržoaske revolucije
una revolución que está destinada a llevarse a cabo en las
condiciones más avanzadas de la civilización europea
revolucija koja će se sigurno provesti u naprednijim uvjetima
europske civilizacije
y está destinado a llevarse a cabo con un proletariado mucho
más desarrollado
i to će se sigurno provoditi s mnogo razvijenijim
proletarijatom
un proletariado más avanzado que el de Inglaterra en el
XVII y el de Francia en el siglo XVIII
proletarijat napredniji od onog u Engleskoj bio je u
sedamnaestom stoljeću, a Francuske u osamnaestom stoljeću
y porque la revolución burguesa en Alemania no será más
que el preludio de una revolución proletaria
inmediatamente posterior
i zato što će buržoaska revolucija u Njemačkoj biti samo uvod
u proletersku revoluciju koja će odmah uslijediti
En resumen, los comunistas apoyan en todas partes todo
movimiento revolucionario contra el orden social y político
existente
Ukratko, komunisti posvuda podržavaju svaki revolucionarni
pokret protiv postojećeg društvenog i političkog poretka stvari

En todos estos movimientos ponen en primer plano, como cuestión principal en cada uno de ellos, la cuestión de la propiedad

U svim tim pokretima oni dovode u prvi plan, kao vodeće pitanje u svakom od njih, pitanje vlasništva

no importa cuál sea su grado de desarrollo en ese país en ese momento

bez obzira na stupanj razvijenosti u toj zemlji u to vrijeme

Finalmente, trabajan en todas partes por la unión y el acuerdo de los partidos democráticos de todos los países

Konačno, oni posvuda rade za ujedinjenje i dogovor demokratskih stranaka svih zemalja

Los comunistas desdeñan ocultar sus puntos de vista y sus objetivos

Komunisti preziru skrivanje svojih stavova i ciljeva

Declaran abiertamente que sus fines sólo pueden alcanzarse mediante el derrocamiento por la fuerza de todas las condiciones sociales existentes

Oni otvoreno izjavljuju da se njihovi ciljevi mogu postići samo nasilnim rušenjem svih postojećih društvenih uvjeta

Que las clases dominantes tiemblen ante una revolución comunista

Neka vladajuće klase drhte pred komunističkom revolucijom

Los proletarios no tienen nada que perder más que sus cadenas

Proleteri nemaju što izgubiti osim svojih lanaca

Tienen un mundo que ganar

Imaju svijet za pobjedu

¡TRABAJADORES DE TODOS LOS PAÍSES, UNÍOS!

RADNICI SVIH ZEMALJA, UJEDINITE SE!